Criando
Clientes

A Editora Nobel tem como objetivo publicar obras com qualidade editorial e gráfica, consistência de informações, confiabilidade de tradução, clareza de texto, impressão, acabamento e papel adequados. Para que você, nosso leitor, possa expressar suas sugestões, dúvidas, críticas e eventuais reclamações, a Nobel mantém aberto um canal de comunicação.

Entre em contato com:
CENTRAL NOBEL DE ATENDIMENTO AO CONSUMIDOR
Fone (011) 876-2822 (diretamente aos ramais 259/292) —
Fax (011) 876-6988
End.: Rua da Balsa, 559 — São Paulo — CEP 02910-000
Internet:www.livros.com/nobel

David H. Bangs, Jr.

e os editores da revista *Common Sense*

Criando Clientes

Um plano de ação para maximizar a produção, vendas e publicidade nas pequenas empresas

Tradução

José Ferreira Marques de Souza

Nobel

Publicado originalmente em língua inglesa sob o título
Creating Customers com a autorização da Dearborn Financial Publishing, Inc.,
155 North Wacker Drive, Chicago, Illinois 60506-1719 - EUA
© 1992 Upstart Publishing Company,
uma divisão da Dearborn Financial Publishing, Inc.

Direitos desta edição reservados à
Livraria Nobel S.A.
Rua da Balsa, 559 – 02910-000 – São Paulo, SP
Fone: (011) 876-2822 – Fax: (011) 876-6988
e-mail: ednobel@nutecnet.com.br

Coordenação editorial: Clemente Raphael Mahl
Revisão: Pedro Marcelo Sá de Oliveira, Giorgio O. Cappelli e Heloísa A. F. Seixas
Produção gráfica: Mirian Cunha
Capa: Luiz Fernando Destro
Composição: FA Fábrica de Comunicação

Impressão: Associação Palas Athena

Dados Internacionais de Catalogação na Publicação (CIP)
(Câmara Brasileira do Livro, SP, Brasil)

Bangs, David H.
 Criando clientes : um plano de ação para maximizar a produção, vendas, promoção e publicidade nas pequenas empresas / David H. Bangs, Jr. e os editores da *Common Sense* ; | tradução José Ferreira Marques de Souza | . — São Paulo : Nobel, 1997.

 Título original: Creating customers.
 ISBN 85-213-0941-4

 1. Clientes - Contatos 2. Pequenas e médias empresas - Administração 3. Planejamento estratégico 4. Propaganda 5. Publicidade 6. Vendas - Promoção 7. Relações públicas - Marketing I. Título.

97-0474   CDD-658.82

Índices para catálogo sistemático:

1. Promoção de vendas : Administração mercadológica
658.82

É PROIBIDA A REPRODUÇÃO

Nenhuma parte desta obra poderá ser reproduzida, copiada, transcrita ou mesmo transmitida por meios eletrônicos ou gravações, sem a permissão, por escrito, do editor. Os infratores serão punidos pela lei nº 5.988 , de 14 de dezembro de 1973, artigos 122-130.

Impresso no Brasil / *Printed in Brazil*

Sumário

Prefácio — David H. Bangs, Jr.	7
1 — As quatro etapas do planejamento estratégico	11
2 — A escolha de estratégias para sua empresa	23
3 — O plano de marketing	34
4 — Analisando sua concorrência	45
5 — Pesquisa de mercado de baixo custo	54
6 — Criando uma estrutura da propaganda	72
7 — A veiculação certa da propaganda	80
8 — Propaganda por mala direta	91
9 — Venda centrada no cliente potencial	101
10 — O gerente de vendas	113
11 — Análise do ponto de equilíbrio	122
12 — Estratégias de preços	135
13 — Uma abordagem para a resolução do problema	155
14 — Relações públicas	167

Prefácio

Criando clientes é uma compilação de artigos escritos para ajudá-lo a gerenciar a mais importante — e mais difícil — tarefa da empresa: a sua necessidade de ter clientes. Tudo o mais é secundário. Contratar equipes que cuidam da parte financeira, da produção, planejamento e administração, desempenham atividades subordinadas a um fim: criar clientes.

Os negócios resumem-se a vendas. Você não vai *achar* clientes. Você não vai tropeçar em clientes ou sair à procura deles. Você cria clientes tomando iniciativas. Você seleciona mercados-alvo e escolhe produtos que pode vender para eles, promove seus bens e serviços para tornar o mercado ciente de que você está no negócio para oferecer aos clientes o que eles querem, e finalmente (você espera) concretizar a venda e começar o ciclo outra vez.

O sucesso de sua empresa está diretamente relacionado a até que ponto você e sua organização são bons nesta tarefa fundamental. Eu sei. Eu aprendi pelo modo difícil, por volta de 1977, quando abri a *Upstart Publishing*. Eu tinha sido bancário e consultor de pequenas empresas durante anos. Você poderia pensar que eu sabia onde estava me metendo. Mas como muitas pessoas que começam pequenas empresas, minha experiência era parcial. No meu caso eu era forte em finanças, e embora soubesse que marketing (outra maneira de dizer "criar clientes") é importante, eu pensava que com boas publicações e apoio profissional de propaganda, os clientes lutariam pela minha mercadoria.

Errado. Eu tinha descoberto um bom nicho no mercado: pequenos empresários que queriam melhorar suas empresas mas não estavam seguros por onde deveriam começar. Donos de pequenas empresas, como um todo, altamente motivados e inteligentes, vão em busca de lucros e perseguem suas metas. Todos os estudos diziam isto. Bem, eu imaginei, uma vez que havia trabalhado com donos de pequenas empresas durante anos, e todos eles estavam interessados em melhorar suas empresas (ou mantê-las atuantes), e minha experiência coincidia com as opiniões dos especialistas: deve haver muito mais pessoas como eles no mercado.* Eu chegaria até eles pela mala direta.

A primeira publicação da *Upstart* foi *Common Sense*, uma série de artigos curtos sobre "Como fazer" uma ou outra coisa, apresentados em um formato de boletim mensal. Nós (a essa altura eu havia envolvido outros no empreendimento) contratamos uma empresa especializada em mala direta para nos ajudar a escolher listas e criar um conjunto atraente; investimos uns R$15 mil em promoção e remetemos milhares de pacotes. Aí nos sentamos e esperamos pela enxurrada de pedidos.

Essa enxurrada nunca aconteceu. Atendemos a muitas consultas quanto à opção "a cobrar" de gente querendo algo de graça. Não de clientes verdadeiros. Proprietários de pequenas empresas nem se dignaram a responder. Recebemos respostas vagas, com pedidos de outros dois grupos: consultores e contadores. Foi tudo. O retorno total, incluindo os que foram pagos depois, foi da ordem de R$ 2.500,00.

As lições que aprendi dessa primeira incursão em matéria de mala direta, foram reelaboradas posteriormente em uma série de tópicos da *Common Sense* escritos por um especialista em mala direta, conhecido nacionalmente, (nos EUA) Roger Parker, que me ajudou a redirecionar os esforços da *Upstart*. Tínhamos de achar outras maneiras de criar clientes, o que nos levou a trabalhar com dúzias de bancos por todo o país, que variavam, em tamanho, do Chase Manhattan ao 1st National Bank of Lebanon, New Hampshire. Esses cálculos ajudariam os clientes dos bancos provenientes de pequenas empresas a terem sucesso e a nós ajudariam contribuindo com idéias quanto ao que seus clientes gostariam de saber. Muitos desses clientes contatam-nos diretamente com perguntas específicas e sugestões.

Como resultado, certificamos-nos de que os artigos da *Common Sense* a partir dos quais os capítulos deste livro foram elaborados, fazem alusão aos

---

* Observe o erro: empresários procuram ajuda de consultoria apenas quando seus problemas tornam-se intoleráveis. Assim, este tinha sido um grupo auto-selecionado em primeiro lugar. Generalizar a partir de um pequeno exemplo freqüentemente leva a conclusões erradas. Eu sabia muito bem disso.

problemas enfrentados por proprietários de pequenas empresas e fornecem soluções passo a passo para os mesmos. Pensávamos (e ainda pensamos) que se colocarmos uma ferramenta em suas mãos e mostrarmos como ela é usada, você pode tirar proveito dela pelo resto do caminho. Nós (editores e colaboradores) procuramos soluções para você usar, mas compete a você implementar essas soluções de um modo que se ajuste à sua empresa.

Cada capítulo de *Criando clientes* está baseado em experiências da vida real. Os autores cujos trabalhos aparecem em *Common Sense* são proprietários ou gerentes de empresas, já maduros, que aprenderam marketing por experiência e aprenderam como criar clientes para suas próprias empresas. Propositadamente desde o começo, não incluímos artigos escritos por pessoas não experientes, não porque os acadêmicos ou outros especialistas nada tenham de útil a dizer, mas porque queríamos que os tópicos da *Common Sense* refletissem o que realmente funciona na prática. Se está neste livro, dá certo.

Criando clientes é um jogo de ferramentas. Cada capítulo o auxiliará em um aspecto específico do processo de marketing. Alguns o ajudarão a poupar dinheiro, outros vão fazer com que você se dedique aos indivíduos que poderão tornar-se seus clientes no futuro. O efeito cumulativo é colocar a experiência dos colaboradores da *Upstart* à sua disposição. Não há necessidade de aprender a criar clientes cometendo erros por aí afora.

Boa sorte. Se você tiver alguma idéia ou sugestão com relação a *Criando clientes* ou qualquer outro aspecto da condução de uma pequena empresa, por favor, escreva-nos ou entre em contato conosco. A *Upstart* está sempre em busca de boas idéias, incluindo correções ou melhoramentos dos nossos livros ou boletins.

David H. "Andy" Bangs Jr. Editor
Portsmouth, New Hampshire

1

As quatro etapas do planejamento estratégico

O processo de planejamento estratégico é um fim em si mesmo. A partir do processo você chegará a um modo diferente de observar os seus negócios e as perspectivas que estes oferecem — e esse ponto de vista diferente resultará em aumento de vendas, novos produtos, novos mercados e maiores lucros.

O plano estratégico em si é um documento escrito delineando as etapas — incluindo pontos de verificação e programas. Ele é indispensável para ir do ponto em que estão agora os seus negócios até onde você quer que eles estejam dentro de cinco ou mais anos. À medida que o processo de planejamento se desenrola, você verá que tem de examinar seus conceitos sobre a natureza do seu ramo, produtos, mercados e operações. Isto não pode ser apressado. Enquanto dá prosseguimento, você vai querer modificar o plano, conforme as exigências das circunstâncias. Contudo minimize as mudanças. Você quase certamente achará o que outros donos de empresas acharam : um percurso bem definido é melhor do que alterar o trajeto o tempo todo.

Nas grandes empresas, o planejamento estratégico normalmente envolve quatro etapas: planejamento financeiro (para estabelecer orçamentos), planejamento por estimativa (planejamento financeiro de vários anos), planejamento qualitativo (modificações para um novo mercado ou para novas regulamentações) e, finalmente, uma etapa em que o planejamento estratégico é tão abrangente que passa a ser parte da preocupação gerencial diária.

Aí você encontra uma vantagem. Uma empresa menor — quer faça um quarto de milhão de dólares ou R$ 20 milhões — pode tirar proveito da falta de planejamento (estratégico ou outro qualquer) de seus concorrentes enquanto quase toda grande empresa planeja estrategicamente.

Quem precisa de planejamento estratégico? Todo dono ou gerente de empresa que deseja que ela continue lucrativa e em crescimento.

O que você pode esperar conseguir do processo de planejamento estratégico? Um novo modo de olhar para suas opções estratégicas. Uma vantagem competitiva. Maior controle sobre o futuro de sua empresa. Um valioso acréscimo para os seus esforços normais de planejamento empresarial, no qual você poderá sistematicamente explorar brechas e nichos de mercado.

O custo? Um plano estratégico eficaz pode ser escrito em um fim de semana. O tempo de coleta de dados pode ser mais longo, mas muitas das informações certamente já estão disponíveis para você. A análise de mercado pode levar mais tempo — mas qualquer tempo que você chegue a despender examinando os mercados atuais e futuros será bem empregado. (Mesmo sem planejar estrategicamente de maneira formal, você verificará que sua empresa tem uma estratégia).

O custo é mínimo. Os benefícios são consideráveis. Uma vez iniciado, o processo não é difícil e pode tornar-se estimulante.

Talvez você queira envolver seus colegas e funcionários no processo. Isto terá muitos efeitos positivos. Os funcionários têm boas idéias de como trabalhar mais produtivamente, como resolver problemas internos que po-

---

Quadro 1.1
Objetivos

O planejamento estratégico deve definir objetivos qualitativos, os quais incluem:

Posicionamento: Qual é a posição de sua empresa no mercado e entre os seus concorrentes?

Segmentação: Quais são as características demográficas e qualitativas (atitudes e preferências) do segmento de mercado definido?

Cultural: Como é definida a "cultura" de sua empresa?

Estilístico: Qual é o estilo de sua empresa?

Diferenciação: De que maneiras sua empresa e a estrutura de seu produto/serviço diferem de todas outras empresas que oferecem produtos e serviços semelhantes?

Funcional: A que fim sua empresa e seu produto/serviço atendem além das suas próprias necessidades?

Quantitativo: Que elementos quantitativos devem ser definidos? Esses devem incluir estratégia de preço, participação de mercado, taxa de crescimento, características de custo e logística de produção/distribuição.

Todos os elementos estratégicos devem ser definidos em termos de necessidades, atitudes e desejos não atendidos no mercado. Incluirão necessidades conhecidas que podem ser precisamente determinadas por levantamentos e necessidades hipotéticas que precisam ser fomentadas para que se tornem uma necessidade de mercado.

dem interferir no crescimento, e mesmo que tipo de produtos o mercado pode querer no futuro. Se eles se envolverem, sua contribuição será considerável. Se mudanças importantes resultarem do processo de planejamento, seus funcionários não resistirão, como poderiam fazê-lo em outras circunstâncias.

Você deve envolver o banco com o qual trabalha, seu contador, e possivelmente outros conselheiros profissionais. Mesmo que não concordem com as estratégias que você propuser, as observações que apresentarem no estágio de planejamento poderão surgir como opções nas quais você não teria pensado.

Enfim, talvez você ache que pode beneficiar-se da ajuda de planejadores estratégicos profissionais. Seu custo é desprezível comparado com os potenciais benefícios — evitar uma expansão mal-pensada; uma nova oportunidade aproveitada, o novo produto certo para os clientes atuais.

O processo começa quando se olha para o mercado.

Examine o lugar em que sua empresa atua

O propósito desta primeira etapa é enfocar o ambiente externo em que sua empresa opera.

Seu mercado é competitivo. Isso transparece nos seus concorrentes mais diretos, aquelas empresas que vendem o mesmo tipo de produtos para os mesmos mercados que você — pelos mesmos preços. Mas também é preciso identificar os concorrentes indiretos — aquelas empresas que podem concorrer de algum modo com a sua.

Se você não fizer mais do que descobrir quem é sua concorrência, quais são seus pontos fortes e fracos e aplicar estes discernimentos no seu negócio, você terá uma vantagem. A maioria dos empresários deixa de examinar a concorrência de perto — e com freqüência negligencia completamente a concorrência potencial, mesmo se eles conseguem identificar os concorrentes mais diretos.

Uma coisa útil nesta análise de seus concorrentes é que isto ajuda você a definir sua própria empresa, não em termos do que você atualmente está vendendo ou produzindo, mas em termos do mercado. Não

---

Quadro 1.2

A concorrência

❑ Quem são seus cinco concorrentes mais importantes?

❑ Quais outras empresas (ou indústrias) podem tornar-se fortes em seu mercado nos próximos cinco anos?

❑ Qual a sua posição em relação aos seus concorrentes? - você está no lado fraco ou dominante desse todo?

❑ O que você vai fazer diante dessa situação?

se preocupe, porém, em fazer uma análise exaustiva da concorrência neste ponto. Faça a você as perguntas do Quadro 1.2, anote as respostas e concentre-se em responder a pergunta "Em que negócio estou?" Você vê a necessidade de os produtos ou serviços de sua empresa crescerem em um futuro próximo? Você os vê decrescendo? O mercado está em expansão ou você terá de procurar outros mercados? (Veja Quadro 1.3)

O principal objetivo de criar um conjunto de estratégias viáveis para sua empresa é garantir lucro e crescimento contínuos. Isto é difícil se seu mercado estiver crescendo menos rapidamente que a indústria de chicotes para condutor de charretes. Entretanto, muitas empresas condenam-se ao fracasso porque se esquecem de que o mercado está sempre mudando. *Baldwin Locomotive* fabricava maravilhosas máquinas a vapor, mas seu mercado desapareceu.

Esta etapa pode ajudá-lo a concentrar-se sobre os mercados potenciais que sua empresa poderia procurar. Se você puder posicionar-se para tirar vantagem de mudanças inevitáveis, terá descoberto sua estratégia mais eficaz.

Isto exige que você saiba em que negócio está agora e quais são os pontos fortes e fracos de sua concorrência. Isto exige também que você comece a pensar sobre onde quer que sua empresa esteja daqui a cinco ou dez anos.

Olhe ao redor de sua empresa. Como lhe parece o ambiente em que ela atua? Como você imagina que estará a economia nos próximos anos? Seu negócio será afetado por quaisquer mudanças políticas que você imagina que possam acontecer?

Deixe sua mente vagar sobre essas perguntas por alguns minutos, depois preencha o questionário do Quadro 1.4.

Analise o funcionamento interno

Depois de ter olhado ao redor da sua empresa, olhe agora para dentro dela, para o funcionamento interno, sobre o qual você tem mais controle.

Quadro 1.3
Em que negócio estou ?

Definição do produto: Que produtos fabricamos?

Definição da tecnologia: Em que tecnologias somos competentes?

Definição do mercado: Para quais mercados nós vendemos atualmente? Poderíamos vender no futuro? Gostaríamos de vender?

Definição conceitual: Se o passageiro ao meu lado, em um avião me perguntasse o que torna nossa empresa única, o que eu diria? Posso expressar nossa filosofia corporativa em uma frase curta?

Todos estes são modos de responder a pergunta: Em que negócio estou? Uma resposta completa incluiria aspectos de todas as quatro definições.

Enquanto o processo de planejamento estratégico tiver sua seqüência, você deve considerar a ocorrência de duas coisas. Primeiramente, você verá que muitas coisas que julgava fora de controle são pelo menos parcialmente controláveis. Em segundo lugar, enquanto você avalia o funcionamento interno de sua empresa e começa a coletar informações de seus funcionários sobre como eles melhorariam a operacionalização, a produtividade e a lucratividade começam a subir. Essa sucessão de acontecimentos tem uma inter-relação. Quando a eficiência melhora, melhora também o controle sobre forças que eram vistas como externas. E à medida que o ambiente de negócio se torna menos assustador, uma maior parte de seus esforços será liberada para outros assuntos — tais como desenvolver novos produtos, novos métodos de conduzir sua empresa e melhor uso dos recursos.

Quatro áreas de operações internas necessitam mais da sua atenção. Não procure perfeição. Você pode divertir-se com detalhes depois; a primeira coisa a fazer é consolidar a estrutura.

Quadro 1.4

Definição do Negócio

1. Meus cinco concorrentes mais próximos são:

2. A possível concorrência pode vir de (firmas, tecnologia, setores diversos) :

3. A demanda por meus produtos/serviços está aumentando/diminuindo :

4. Os produtos que eu poderia tirar de linha são:

5. Os produtos com os quais eu poderia iniciar são:

6. Os mercados em que eu poderia entrar são :

7. Os mercados que eu poderia abandonar são:

8. Minha empresa é única porque :

9. Neste momento o maior obstáculo de marketing de minha empresa é:

10. Nossa maior oportunidade de marketing é:

Se você não realizou uma auditoria administrativa recentemente, preencha o questionário do Quadro 1.5. Se você tem uma noção razoável sobre os pontos fortes e fracos dessas quatro áreas críticas, pode começar a pensar sobre o que fazer a respeito deles. Siga a regra de construir sobre os pontos fortes e escorar os pontos fracos.

Tudo o que você precisa para começar é uma listagem. Discuta essa listagem com parceiros e subordinados para criar um ponto de partida para os melhoramentos.

No seu plano de negócios, você faz projeções financeiras (fluxo de caixa, lucros e perdas, talvez um balanço pro forma) baseado em suposições sobre como sua empresa se sairá nos próximos anos. A projeção se transforma em orçamentos operacional e de capital. Esses, por sua vez, são utilizados para controlar o uso do dinheiro em sua empresa.

Igualmente importantes — se não mais — são as projeções para marketing, produção/distribuição e desenvolvimento de pessoal. (É certo, você deve controlar o dinheiro se deseja administrar, de fato.)

Você precisa olhar adiante, entretanto, para formar estratégias razoáveis. Em que mercados você estará? Com que produtos, distribuição, finanças — e com que pessoal?

Um plano estratégico capacitará você a fazer o melhor uso (no sentido de mais racional, lucrativo ou mais seguro) de seus recursos para alcançar metas objetivas, mensuráveis. Esta etapa ajuda a estabelecer os pontos iniciais: capital, mercados, produtos, pessoas com essas ou aquelas habilidades.

Como regra, empresas de pequeno e médio portes tendem a ter maiores habilidades de produção e de marketing que desenvolvimento na área financeira e de pessoal. Não há nada errado nisso; são habilidades de produção e de marketing que fazem a empresa mover-se. Habilidades financeiras e de desenvolvimento pessoal, entretanto, são ne-

---

Quadro 1.5

Relacione seus pontos fortes e fracos nas seguintes áreas:

Financeira _____

_____

_____

Marketing _____

_____

_____

Produção/Distribuição _____

_____

_____

Desenvolvimento de Pessoal _____

_____

cessárias para mantê-la em movimento. Você quer estabelecer um equilíbrio entre ambas.

Algumas habilidades financeiras freqüentemente ausentes são a habilidade de discriminar orçamentos realistas e conviver com eles, ter suficiente capital para atender às necessidades de liquidez, gerenciar o fluxo de caixa, gerenciar crédito e cobrança e levantar capital. Se sua empresa sempre tem dinheiro suficiente, bom crédito, fluxo de caixa positivo e nenhuma dívida, é provável que esteja sendo dirigida por gênios financeiros ou por indivíduos avaros. Ou, então, são financistas conservadores, que podem estar sufocando o crescimento.

Alguns sinais de aviso no desenvolvimento de pessoal: excesso de rotatividade de pessoal, pessoal antigo promovido além de suas capacidades (também conhecido como Princípio de Peter — *Peter Principle*), novos empregados que acabam não tendo as habilidades que diziam ter, excessivas ausências, falta de pontualidade e desperdício.

Esses têm soluções tipo padrão — as quais os empresários tendem a desconhecer. Quando foi a última vez que você viu um diretor de pessoal abrindo uma empresa? Raramente acontece.

Problemas de marketing e de produção tendem a mostrar-se: oportunidades de marketing perdidas, vendas estagnadas ou em queda, entregas lentas, problemas de controle de qualidade.

Agora volte para o Quadro 1.5. Talvez você queira alterar suas respostas.

Fazer listas não resolve nenhum problema. Não aumenta vendas nem coloca dinheiro na linha de lucros e perdas. Mas ajudará a reorganizar seu pensamento estratégico — assim, mantenha-as com você.

Relacione suas metas pessoais à sua empresa

Esta é uma etapa particularmente importante. As grandes empresas abertas tendem a ter vida própria, onde diretores externos, representando os investidores, mantêm a empresa numa direção mais ou menos sensata.

Pequenas empresas ou empresas não abertas são um pouco diferentes. Os caprichos do dono exercem um impacto muito maior sobre a estratégia da empresa do que pode parecer à primeira vista.

O que você quer tirar de sua empresa? Qual o tamanho de empresa que você quer dirigir? O que você espera estar fazendo nos próximos cinco anos? Que decisões particularmente difíceis você vem adiando? Estas quatro perguntas devem ser respondidas de maneira completa.

Por exemplo, se você quer aposentar-se dentro de poucos anos com uma renda razoável, e não administrar nada mais trabalhoso do que seu jardim, e ter um comprador à sua espera para fechar com você um contrato vitalício de consultoria, suas decisões estratégicas estão tomadas. Se você não está seguro sobre o que quer de uma empresa, você tem um problema diferente, e o dilema pessoal afetará sua decisão.

Algum objetivos pessoais possíveis são: ganhar muito dinheiro, abrir um negócio para meus filhos assumirem algum dia, criar empregos para a minha comunidade, aumentar o capital em vista da aposentadoria, estar na linha de frente quanto à nova tecnologia, ser meu próprio patrão, e ver que tamanho de empresa eu posso vir a ter. São todos motivos mencionados por donos de empresas; cada um tem profundas implicações quanto ao modo de o empresário dirigir seu negócio.

A questão de tamanho é importante. Uma empresa pequena com um punhado de funcionários que são quase da família difere consideravelmente da mesma empresa aumentada para 300 funcionários. Algumas pessoas não querem os problemas (e oportunidades) oferecidos por uma empresa de tamanho médio e se você é uma dessas pessoas, é melhor pensar antes de embarcar em uma estratégia de crescimento. Crescimento lento ou nenhum crescimento podem fazer mais sentido para você.

Por outro lado, ver suas idéias tomarem forma, vê-las funcionando, e observar sua empresa crescer é algo estimulante. Se você é uma dessas pessoas que não se importam em assumir riscos limitados, uma estratégia de crescimento seria talvez mais apropriada. Talvez haja mais risco, mas aí as recompensas serão maiores também.

Para outros, o desafio de fazer o que as pessoas dizem que não pode ser feito é irresistível. Se você está neste campo, faça disto sua vantagem.

Quadro 1.6

Objetivos pessoais para sua empresa

Financeiros
_____
_____

Tamanho da empresa
_____
_____

Percepção do negócio
_____
_____

Tolerância ao risco
_____
_____

Plano de cinco anos
_____
_____

A pergunta final é singular: quais decisões você adiou? Decisões adiadas apontam para pontos problemáticos. Ao tornar-se mais consciente de quais decisões está tentando se esquivar, você verá que pode escapar de um considerável número de problemas evitáveis ou descobrir novas oportunidades.

Exemplo de uma decisão adiada é uma sociedade em que um sócio quer uma renda imediata enquanto o outro vê no longo, lento crescimento da empresa o caminho mais certo para a liberdade financeira. Nada há de errado com qualquer dos dois objetivos, mas se os sócios adiam a discussão do conflito e tomam decisões sobre outros assuntos da empresa como se esta decisão estratégica (e essencial) já tivesse sido tomada, a encrenca é inevitável. Se eles põem o conflito em aberto e tomam a decisão básica (partir para a renda imediata ou visar o crescimento a longo prazo), muitas decisões secundárias ficarão mais fáceis.

Muitas empresas afundaram ao adiarem este tipo de decisão estratégica. Não se junte a elas.

Analise as estratégias atuais

Toda empresa é dirigida de acordo com uma estratégia. Há sempre um conjunto de objetivos e pressupostos orientadores que moldam a maneira de fazer negócio.

Quadro 1.7 **Qual é sua estratégia atual ?**	Agressiva / Defensiva	Ativa / Passiva	Com objetivos / Oportunista
Marketing			
Gerencial			
Financeira			
Produção			
Operacional			

"Confiar na sorte" é uma estratégia. "Responder à pressão externa" é outra. "Inércia" e "hábito" são mais duas — talvez as mais comuns de todas. "Conduzir o negócio como sempre" é mais que uma frase de efeito; ela representa um modo de pensar sobre como fazer negócios que estejam em desacordo com o planejamento estratégico.

Infelizmente, a maioria das empresas são dirigidas segundo uma dessas quatro "estratégias." Veja como elas operam: sem um plano coerente, sem metas preestabelecidas, mensuráveis e sem pontos de verificação para assegurar que está sendo feito progresso, freqüentemente sem orçamentos. Um plano de marketing? Para quê? Planos de desenvolvimento de pessoal para assegurar que a empresa tenha as habilidades de que necessita? Claro que não.

Estas "estratégias" tendem a ser usadas inconscientemente. Mais pertinentes, elas são estratégias muito falhas que são impensadamente aplicadas e que evoluíram como um modo de tocar os negócios em vez de ser por métodos deliberados.

As estratégias podem ser ativas ou passivas, agressivas ou defensivas, com objetivos ou oportunistas. Essa tríplice formação de pares pode ajudar a definir sua estratégia atual; aplique-a para cada uma das áreas seguintes e pergunte que adjetivo se destina a cada par.

Não há nada padronizado com relação a esses pares. Nenhum é "melhor" que os outros; alguns são mais úteis para sua empresa do que os outros neste momento. Aqui está como eles se relacionam com as várias facetas do seu negócio:

1. Marketing

Estratégias ativas de marketing estabelecem marcas para a concorrência perseguir, forçando-as a lutar de modo a acompanhá-las. Marketing passivo faz as vezes de "siga o líder" e pode ser extremamente eficaz. Estratégias agressivas de marketing visam maior participação de mercado; marketing defensivo tende a manter os clientes atuais. Estratégias de marketing com objetivos estabelecem alvos específicos: cifras em valor e/ou unidades, porcentagens específicas de participação de mercado, número de novos clientes e assim por diante. O marketing oportunista direciona-se para outros métodos de crescimento, tende ao curto prazo, e é implacavelmente eficaz algumas vezes no caso de certas empresas.

2. Gerência

Apesar de toda conversa fiada sobre como gerenciar, poucas empresas, principalmente as pequenas, fazem o esforço máximo para melhorar a produtividade gerencial. A maioria delas é gerenciada reativamente; um problema aparece, ele é tratado e resolvido. A gerência ativa procura evitar o problema. O modo de pensar da gerência é um dos itens estratégicos mais importantes.

Uma vez que sua empresa se torna comprometida com o planejamento estratégico como filosofia corporativa, examinando constantemente as estratégias de marketing, a gerência se tornará mais ativa, mais agressiva e freqüentemente, mais flexível, estabelecendo metas e alcançando-as enquanto também estiver agindo por oportunismos, quando tal estratégia fizer sentido.

3. Finanças

As estratégias financeiras vão da sobrevivência à expansão. Este é um item estratégico primordial: a estratégia errada pode ser financeiramente desastrosa.

A maioria das empresas tende a ser agressiva em seus planos financeiros, a não ser que a economia esteja em desequilíbrio. A maioria dos gerentes financeiros, entretanto, são corretamente conservadores e legam um equilíbrio que deixa todas partes com certo desgaste. Algumas vezes a prudência faz sentido. Outras vezes, não. Este é um lugar onde o planejamento estratégico pode produzir resultados imediatos; ele permite a você preparar uma diversidade de opções, para diferentes conjuntos de circunstâncias. Aí você pode sentar-se com seu tesoureiro mais conservador e alcançar estratégias financeiras realistas.

4. Produção

Mais ou menos capacidade? Aumentar vendas ou tentar aumentar margens de lucro? Visar maior produção? Pode-se aplicar a produção em larga escala? Produção mais baixa para ganhar mais flexibilidade? Estas perguntas são estratégicas e, dependendo de como sua empresa as trata, elas têm conseqüências de longo alcance.

Algumas vezes vale a pena retrair-se. Outras vezes estar pronto antes da demanda chegar é um bom movimento, mas se não expuser as opções possíveis (um movimento estratégico básico) você não poderá fazer uma escolha verdadeira.

5. Operacional

Você precisa achar novas maneiras de lidar com o fluxo interno de trabalho? Mudar rotinas? Tentar examinar periodicamente os sistemas da empresa? Ou você deve deixar uma operação que funciona suavemente continuar como está? Aproveitar novas tecnologias ou aperfeiçoar as atuais? Prever P & D sistematicamente no orçamento ou optar por uma base de projeto a projeto?

Seu alvo nesta etapa é tornar-se consciente de quais estratégias governam sua empresa, que escolhas você pode ser capaz de fazer com relação a estratégias futuras e que estratégias podem ser necessárias enquanto seu mercado muda. Esta é a etapa de trabalho de base, sobre a qual você construirá outras estratégias.

Plano de ação para:
"As quatro etapas do planejamento estratégico"

- ❑ Defina o que o mercado reserva para sua empresa no futuro
- ❑ Prepare uma resposta de uma frase para a pergunta: "Em que negócio estou?"
- ❑ Fique atento às operações internas de sua empresa nas seguintes áreas: Financeira, Marketing, Produção/Distribuição e Desenvolvimento de Pessoal.
- ❑ Pense sobre o que você quer de sua empresa, e relacione seus objetivos.
- ❑ Relacione as estratégias que atualmente conduzem sua empresa nas mesmas áreas assinaladas no item três.

2

A escolha de estratégias para sua empresa

No capítulo anterior, concentramo-nos nas quatro etapas do planejamento estratégico: planejamento financeiro (orçamentos), planejamento por estimativa, planejamento qualitativo e, finalmente, uma mescla de pensamento gerencial e pensamento estratégico que se torna parte e parcela da condução da empresa.

O processo de planejamento estratégico começa com uma análise da situação do momento. Enquanto você examina o lugar em que sua empresa atua, suas suposições sobre o futuro se tornam mais claras. Quando você examina as operacionalizações internas, hão de lhe ocorrer idéias de melhoramento. Quando você relaciona seus objetivos pessoais de negócio, as linhas entre o que você quer para si e para sua empresa se confundem.

Agora você deve examinar as estratégias.

Um plano estratégico estabelece uma série de opções estratégicas, sendo que todas servem para promover os interesses de sua empresa em um determinado conjunto de circunstâncias externas. Uma estratégia apropriada para todas as condições não é apropriada para nenhuma; situações econômicas diferentes pedem estratégias diferentes. Daí a necessidade de uma variedade de estratégias apropriadas.

Uma vez que a maioria das empresas opera sem estratégias explícitas, tornar explícitas suas estratégias dá a você uma vantagem competitiva e ajuda sua empresa a ganhar a posição certa no mercado. "Posição certa" neste contexto significa a posição que torna suas metas exeqüíveis — e sua empresa lucrativa.

Quando você tiver passado pelo processo e tiver considerado várias estratégias possíveis, esses importantes resultados terão sido ganhos.

Você terá uma compreensão de algumas estratégias que poderiam não ter aparecido como opções para sua empresa; começará a pensar estrategicamente; ganhará um esboço de um plano estratégico que expressa suas suposições sobre o futuro, ajudá-lo-á a posicionar sua empresa para tirar vantagem das mudanças que você vê chegando e torna você mais atento a oportunidades no mercado em mudança.

Isto exige empenho. Você pode conseguir ajuda — seu banqueiro, seus conselheiros profissionais e consultores especializados estão disponíveis para isto. Mas o maior esforço tem de vir de você.

Sintetize os objetivos pessoais e empresariais

Depois de rever os resultados do capítulo anterior, sintetize os objetivos pessoais e empresariais que você quer alcançar nos próximos cinco ou dez anos.

Um plano estratégico proporciona estabilidade em um mundo que muda rapidamente. Você pensa por meio das metas que deseja alcançar. Você pensa sobre onde está agora — e como caminhar daqui para frente.

Os objetivos mais fáceis de especificar são os quantitativos. A maioria de nós pensa em termos de volume monetário ("Eu gostaria de operar uma pequena empresa bem estruturada de R$ 500 mil... Uma sólida empresa de R$ 20 milhões... Ativos de aproximadamente R$ 1 milhão... Aumento de vendas de R$ 9 mil por mês...").

A regra para um plano tático de negócio é tornar as metas tão específicas quanto possível para mostrar as etapas detalhadas envolvidas para levar uma empresa de R$ 2 milhões para R$ 4 milhões em dois anos, por exemplo.

A função de um plano estratégico é fornecer a ampla estrutura dentro da qual o plano tático (de negócio) é elaborado. As estratégias particulares que você escolher resultarão em sua empresa seguir certas táticas planejadas para implementar aquelas estratégias.

Para esta etapa, relacione os principais objetivos que você e sua empresa têm para os próximos dez anos:

- Que nível de vendas você deseja ter em dez anos?
- Que tipo de patrimônio líquido — pessoal e corporativo?
- Quantos funcionários?
- Que tipo de meios?

Em um nível não-quantitativo, outras questões de igual ou maior importância devem ser levantadas. Algumas delas foram abordadas no capítulo anterior. De particular importância são as questões de posicionamento de marketing, tipo de negócio e política de preços do composto de produtos.

Algumas das questões são bem abstratas. Que tipo de local de trabalho você prevê? Debates sobre Qualidade da Vida de Trabalho, Teoria X ou Y, gerência japonesa ou Teoria Z, por exemplo, estão incluídos aqui. Que estilos de gerência irão funcionar? O que acontecerá com todo mercado tido como importante? E a responsabilidade corporativa em áreas não-empresariais?

E algumas perguntas são difíceis de responder: Como pode estar a macroeconomia daqui a cinco anos? Que tipo de tecnologias e metodologias estarão ao nosso dispor? Quais serão os padrões: inflação, deflação, uma combinação das duas?

Algumas perguntas são vagas demais para responder, mas devem ser feitas: E as tendências descen-

Quadro 2.1
As diferenças entre tática e estratégia

Táticas	Estratégias
Concretas	Conceituais
Específicas	Gerais
Individuais	Complexas
Lineares	Orgânicas
Seqüenciais	Interativas, sistemáticas

tralizadoras que algumas pessoas estão observando no trabalho? Que novos estilos de vida e novas atitudes estarão presentes na força de trabalho? Ninguém pode prognosticá-las com certeza — mas se você estiver a par do pensamento atual sobre esses assuntos, certamente pode saber qual será seu negócio nos próximos vinte anos.

Relacione várias estratégias

Se você se propõe a não fazer nada com este capítulo ou com o anterior, leia e pense sobre a série de opções apresentadas nas páginas seguintes. Elas formam o cerne de seu plano estratégico. A relação já foi

Quadro 2.2

Lista de verificação para planejamento estratégico
Exemplos de estratégias de marketing

Estratégia	Passada	Atual	Futura	Prováveis conseqüências, riscos
Racionalizar distribuição Retrair para a rede mais eficiente; considerar volume, ponto geográfico, tipo.				Margens de lucros maiores, estoques mais baixos, alguns custos diminuem. Pode necessitar novo investimento. Risco moderado.
Desenvolver o mercado Criar demanda para um produto completamente novo.				Custos de marketing muito altos, pode aumentar contas a receber, afeta Lucros & Perdas, reduz fluxo de caixa. Alto orçamento de despesa. Alto risco — porém alta recompensa se houver êxito.
Entrar no mercado Aumentar a participação de mercado, reduzir preço, mescla amplificada da linha de produto, mais pessoal de serviço e vendas, aumentar propaganda.				Despesa de marketing e vendas aumentada, necessita mais capital de giro, mais investimento de capital se for necessário aumento de capacidade, redução nos lucros de curto prazo. Alto risco.
Promover novos produtos para o mercado atual Desenvolver, ampliar, ou substituir produtos na linha de produto, vender para o mercado atual.				Custo unitário mais baixo, maior estoque, volume de vendas, lucro e fluxo de caixa. Algum investimento de capital necessário, maiores custos de desenvolvimento, projeto e de fabricação. Risco moderadamente alto
Procurar novos mercados, mesmos produtos Expandir os mercados atuais por área geográfica (exterior) ou por tipo.				Maior volume de vendas, maiores margens de lucro com a queda dos custos unitários, crescimento do novo mercado. Maiores preços de venda a curto prazo, alguma ajuda ao fluxo de caixa. Modesto investimento de capital, maior capital de giro. Alto risco

Exemplos de estratégias de marketing

Estratégia	Passada	Atual	Futura	Prováveis conseqüências, riscos
Desenvolver novos produtos para novos mercados Investir em desenvolvimento, fabricação e marketing de produtos não relacionados com a linha de produtos para novos mercados.				Maiores volumes de vendas, custos, lucros (se bem-sucedida), tem os mesmos problemas que uma nova empresa se os produtos não são relacionados com a linha atual. Necessita maior capital de giro, pode necessitar novo investimento de capital, aumento de custos de vendas e de marketing. Disposição para aceitar menores totais de vendas. Alto risco.
Racionalizar o mercado Cortar o que é supérfluo, visando segmentos mais lucrativos, de maiores volumes; concentrar-se no ponto fulcral de marketing.				Menor volume de vendas, maiores margens de lucros, menores necessidades de capital de giro, aumentar fluxo de caixa como % de vendas, diminuir contas a receber. Disposição para aceitar menores totais de vendas. Risco moderado.
Manter produtos e participação O negócio continua como antes: mesmos produtos, mesmo mercado.				Crescer à taxa de crescimento do mercado, margens de lucro a curto prazo estáveis, reduzir o capital de giro ao longo do tempo, crescente retirada de dinheiro com o tempo, pode reduzir custos unitários. Baixo risco

Lista de verificação para planejamento estratégico

Exemplos de estratégias de gerência

Estratégia	Passada	Atual	Futura	Prováveis conseqüências, riscos
Cortar custos Reduzir custos uniformemente através de ordens da gerência.				Maiores margens de lucros, alcança retornos mais baixos de todas as estratégias possíveis. Necessita de excelente implementação para aplicar de maneira inteligente. Riscos moderados devidos à natureza arbitrária das reduções — pode ter conseqüências hostis.
Desfazer-se de unidade Vender ou liquidar unidade porque não se ajusta à empresa — ou porque vale mais para outro.				Aumento do fluxo de caixa com a venda dos ativos, criando possíveis problemas de estado de espírito no resto da organização. Risco baixo.

Exemplos de estratégias de gerência

Estratégia	Passada	Atual	Futura	Prováveis conseqüências, riscos
Racionalizar linha de produto Estreitar a linha de produtos para manter apenas os itens mais lucrativos.				Reduz o volume de vendas, melhora o capital de giro, lucratividade, pode levar à subutilização dos ativos a curto prazo. É difícil abandonar os antigos vencedores. Risco: baixo a moderado.
Sobrevivência Entrincheirar-se para enfrentar condições adversas eliminando ou aparando alguns aspectos delas.				Reduz o volume de vendas, reduz consideravelmente os custos, melhora o retorno sobre investimento a curto prazo, melhora temporariamente o fluxo de caixa. É necessário ter coragem, risco moderado devido à possível perda de participação de mercado, certo perigo dos credores ou de outras fontes comerciais.

Exemplos de estratégias financeiras

Estratégia	Passada	Atual	Futura	Prováveis conseqüências, riscos
Pausa em funcionamento Reduzir a velocidade ou estabelecer uma moratória de um ano para novo investimento de capital; manutenção normal do negócio.				Nenhum efeito sobre vendas a curto prazo, pode romper os planos de crescimento, enfraquecer a empresa a longo prazo, vendas e lucros diminuídos se a pausa é demasiado longa. Coragem, grande firmeza e constância. Baixo risco.

Exemplos de estratégias de produção

Estratégia	Passada	Atual	Futura	Prováveis conseqüências, riscos
Melhorar tecnologia Melhorar a eficiência operacional através de melhoramentos tecnológicos na planta física, equipamentos ou processos.				Custos variáveis diminuídos e custos fixos aumentados — uma redução geral pode aumentar consideravelmente os lucros, afetar ligeiramente o volume de vendas. Investimento de capital entre baixo e alto. Risco entre baixo e moderado dependendo do quanto a tecnologia particular é comprovada.

Exemplos de estratégias operacionais

Estratégia	Passada	Atual	Futura	Prováveis conseqüências, riscos
Melhorar métodos e funções Investir em novos métodos acrescentando nova tecnologia "soft": p.ex., novos padrões de fluxo de trabalho, CAD/CAM, planejamento de produção & controle de estoque, etc., de modo a melhorar a eficácia e/ou eficiência.				Melhora o desempenho operacional, melhora os custos funcionais em vez de custos de produto. Investimento em despesa. Indispensável pensamento criativo. Risco entre baixo e moderado.

aprovada em centenas de aplicações, para empresas de todos os tamanhos — tão pequenas que chegam a fazer vendas brutas de R$100 mil, ou tão grandes quanto as 500 empresas da *Fortune*.

Observe o formato. Você pode usar uma relação para verificar o que aconteceu no passado, o que você faz agora, e o que você pensa que poderá fazer no futuro. Faça marcações ao lado das estratégias — retorne a elas mais tarde e amplie seu pensamento sobre porque e como essas estratégias podem ser úteis.

Este modelo poderá ajudar você a definir estratégias do passado e do presente. Ele também deve ser considerado como uma fonte de idéias para estratégias futuras.

Quantas estratégias você deve considerar? Isto depende — do que é sua empresa, o que você considera como sendo seus recursos, possíveis ciladas e oportunidades do mercado e outras suposições quanto ao futuro. Observe que a grande maioria das estratégias é centrada no mercado. Se você conseguir dispor dos produtos certos para os mercados certos e em tempo hábil, os outros problemas podem ser resolvidos. Mas mesmo as melhores inteligências não conseguirão vender produtos fracos para os mercados errados.

Teste a consistência, a exeqüibilidade e a coerência das estratégias

Agora você tem uma relação, talvez experimental, de estratégias que podem ajustar-se aos seus objetivos empresariais e pessoais e um conjunto explícito de suposições sobre o futuro dos mercados, produtos e situações econômicas. A prudência exige que você seja realista. Faça resumos apontando o que é bom, mau e mais provável, como um modo de proteger suas apostas.

Para todo conjunto de estratégias, considere como elas poderão afetar sua empresa. Que recursos são necessários? O que acontecerá com as vendas, lucratividade, o pessoal e outros ativos se os planos forem realizados? Quais são os riscos presentes e futuros? Quais são os benefícios?

Três critérios para escolher entre estratégias concorrentes:
- Consistência
- Exeqüibilidade
- Coerência com os objetivos

A consistência requer que suas estratégias se ajustem umas às outras. Você não pode simultaneamente aumentar a despesa de capital e melhorar o fluxo de caixa enquanto proíbe novos investimentos, novos empréstimos e venda de ativos. Isto não pode ser feito — mas já foi experimentado. Observe sistematicamente as conseqüências e exigências de suas estratégias potenciais. Verifique como elas poderiam interagir umas com as outras. Procure consistência.

Exeqüibilidade requer que as estratégias façam sentido empresarialmente. Alguns projetos podem requerer habilidades que não estão disponíveis, capital que não vai aparecer a tempo, entrada em mercados já bem servidos. Uma gerência inteligente segue as regras de guerrilha. Escolha onde e quando combater. Nunca ataque o inimigo a não ser que esteja numa posição altamente confortável, vantajosa. Assegure-se de não alongar demasiado suas linhas de suprimento. Evite guerras de atrito. Não fique encurralado. Isto não significa que você não deva sonhar — mas significa que você deve estar ciente dos riscos envolvidos, que você deve saber como reunir os recursos necessários e que você descubra os nichos de mercado que podem ser facilmente sustentados.

A coerência com os objetivos requer que as estratégias realmente promovam a consecução deles. Ênfase demasiada é posta no desempenho de lucros e perdas do trimestre à custa dos objetivos de longo prazo, tais como satisfazer as reais necessidades do mercado. Se seu conjunto de estratégias não faz mais do que manter seus esforços centrados na satisfação das necessidades reais do mercado por um preço lucrativo, ele será imensamente valioso para você.

Torne os objetivos tão claros quanto possível. Alguns serão altamente conceituais: a maioria deve ser qualitativa; alguns serão expressos em valores e datas.

Depois teste cada estratégia com uma simples pergunta: Esta estratégia, se implementada, ajudará a tornar estes objetivos alcançáveis?

Escolha as estratégias mais simples para sua empresa

Aplique a Navalha de Occam, uma velha ferramenta filosófica, à sua escolha de estratégias: dadas duas estratégias concorrentes, escolha a mais simples. Você pode complicar-se se quiser detalhes refinados — mas isto será atividade tática. Estrategicamente, vise a simplicidade.

> **Quadro 2.3**
> **Estudo de caso**
>
> **Tipo de empresa**: Serviço de carro blindado e courier.
>
> **Volume de vendas**: R$ 1,5 milhão
>
> Neste caso, a gerência chegou à conclusão de que precisavam de um exame objetivo, racional, nos vários problemas que se haviam desenvolvido. O seu banqueiro estava relutante em emprestar fundos adicionais enquanto não fosse feito um planejamento.
>
> **Análise da situação atual:**
> Não há dúvida de que a empresa era dirigida por um brilhante empreendedor, mas havia uma falta de objetividade, falta de direção. Eles reconheceram a necessidade de separar os sintomas dos problemas.
> Eles sabiam que a subcapitalização estava tendo um grande impacto sobre a empresa e que suas contas a receber eram gerenciadas inadequadamente.
>
> **O que seus esforços quanto ao planejamento estratégico revelaram:**
> - Os concorrentes deles, mesmo os maiores, os que tinham os melhores financiamentos, sempre faturavam com uma semana de antecedência. Isto dava à gerência a liberdade de movimento, sem causar estranheza aos clientes, em fazer o mesmo.
> - Para expandir-se, a empresa necessitava de um sistema gerencial em que o pessoal produtivo pudesse progredir. Eles precisavam de um "plano de carreira" e de um programa de incentivo.
> - Dispor de um computador estava-se tornando uma necessidade.
>
> **Os resultados?**
> - O fluxo de caixa melhorou muito como resultado da modificação nos procedimentos de faturamento. Não se perdeu nenhum cliente.
> - Agora há um sistema de gerência em funcionamento; dois novos gerentes foram contratados.
> - Foi traçado um plano quanto ao uso do computador e foi adquirido o programa mais adequado.
> - A empresa tem agora US$ 3 milhões em vendas e os lucros cresceram.

Por quê? Estratégias complexas não funcionam. Elas são difíceis de serem transmitidas e apresentam grandes probabilidades de erro.

As estratégias simples tendem a ser eficazes. Se seus funcionários e o mercado sabem o que você está fazendo, e conseguem compreender e ver que você faz o que promete, você tem o começo de uma estratégia eficaz.

A maioria dos seus concorrentes não será capaz de resistir à tentação de procurar fazer melhor do que você, tornando seus produtos ou serviços um pouco mais fantasiosos, um pouco mais complicados, um pouco mais sofisticados.

Implemente as estratégias; reavalie-as quando necessário

Envolva seus parceiros e funcionários no processo de planejamento estratégico. Eles o ajudarão a implementá-lo. Se você os fizer engolir à força, eles resistirão — e você terá perdido a contribuição que eles poderiam dar.

O método de implementação mais eficaz é estabelecer uma programação. Uma vez que você chegou a um conjunto de estratégias que satisfazem os critérios de seleção, pensou sobre ele o bastante para sentir-se confortável e comunicou as decisões à sua equipe, ponha as estratégias em funcionamento. Sua meta definitiva é fazer todos pensarem em termos da sobrevivência e lucratividade, a longo prazo, de sua empresa. Você não tem de correr na frente — mas uma data de início precisa, ajuda a tornar a estratégia operacional.

Implementar estratégias é uma atividade tática. Veja o Quadro 2.1 para uma análise das diferenças; elas se aplicam aqui.

Você terá de reavaliar seus planos. Faça-o — mas lentamente, e somente se você vir razões imperativas. Um plano que muda por qualquer pressão é inútil.

O planejamento estratégico depende de sua capacidade de olhar adiante. Ele requer que você recorra a fontes de informação atuais e confiáveis. Leia, converse com as pessoas, preste atenção às tendências, reflita sobre as coisas que você aprende. Considere as implicações da mudança social, movimentos das populações, tendências nas várias indústrias e a economia.

Seu plano estratégico fornece um conjunto de estratégias que, se seguidas, devem ajudar mais do que você julga ser possível.

Plano de ação para:
"A escolha de estratégias para sua empresa"

❑ Reavalie a série de opções quanto ao que você pode fazer no futuro, e estenda-se sobre o *porquê* e o *como* essas estratégias poderão ser úteis.
❑ Verifique como suas estratégias interagirão umas com as outras; busque a consistência.
❑ Verifique se suas estratégias são exeqüíveis e se os recursos e habilidades apropriadas estão disponíveis para você no momento certo.
❑ Avalie se as estratégias que você implementar vão atingir os objetivos que você tem.
❑ Para ser bem-sucedido, escolha estratégias simples.
❑ Envolva seus parceiros e funcionários no processo de planejamento estratégico estabelecendo uma programação.
❑ Reavalie suas estratégias quando preciso.

3

O plano de marketing

Nos dois capítulos anteriores, você fez uma nova análise da sua empresa, suas suposições quanto ao futuro e seus objetivos pessoais. Você também começou a pensar no rumo que irá seguir a fim de alcançar esses objetivos.

O mapa mais importante que você pode traçar é um plano de marketing. Um plano que seja adequado à sua empresa e cujas atuais linhas de produtos e serviços, mercado e finanças possam manter sua empresa no caminho certo, até mesmo em uma economia instável.

Primeiro e acima de tudo, esteja ciente de suas opções e limitações. Descobrir uma brecha de mercado e desenvolver um modo de preenchê-la é bom para um iniciante (ou para uma empresa que conseguiu criar um fluxo de caixa positivo mais uma série de habilidades aos quais se pode recorrer.) Mas para a maioria de nós, as melhores oportunidades de marketing vêm diretamente de nosso negócio em andamento.

Segundo, analise seus produtos e serviços. Procure olhar para eles do modo que os clientes potenciais o fazem. Se possível, relacione seus clientes como auxiliares de marketing. Seu pessoal de vendas pode ajudar nisso. Seus fornecedores, seu banco e outros conselheiros profissionais também. O objetivo é descobrir nova aplicabilidade para suas mercadorias e serviços, novas maneiras de pôr as forças atuais de sua empresa para trabalhar.

Terceiro, examine minuciosamente o mercado em que você está atualmente. A regra é que 80% de seus lucros venham de 20% de suas transações.

Esta regra geral é repleta de exceções — mas alguns de seus clientes são muito mais lucrativos que outros. Você pode descobrir que alguns dos negócios menos lucrativos vêm disfarçados como grandes pedidos, enquanto alguns pedidos aparentemente pequenos emergem como importantes colaboradores.

Verifique de onde realmente vem o dinheiro e você dará um importante passo para conhecer o mercado.

Quarto, segmente e classifique sistematicamente seu mercado. Tanto o atual, como o potencial. Enquanto você combina e recombina os vários grupos, você perceberá relações entre eles que o ajudarão a divisar novas estratégias de marketing.

Quinto, examine a concorrência, real e potencial. Olhe para além do óbvio; se sua empresa for vulnerável, o dano mais sério virá de onde e no momento em que você menos esperar. Acolha as boas idéias da concorrência, aplique-as na sua empresa, identifique os erros que os outros estão cometendo e evite-os na sua operação. Isto lhe dará a melhor de todas as possíveis situações competitivas. Uma empresa limpa, bem dirigida, agressiva — especialmente proativa — não será apanhada com a guarda baixa.

Sexto, trate de combinar habilidades e práticas dos pontos fortes de sua empresa com os segmentos de mercado disponíveis para a sua firma neste momento. Pessoal, distribuição e fundos disponíveis são pontos a considerar. (Sua concorrência provavelmente estará fazendo o mesmo, embora não tão sistematicamente). O alvo: achar a melhor combinação de linhas de produto/serviço, mercados e posicionamento competitivo para sua empresa neste momento (enquanto mantiver as opções voltadas para o futuro).

Sétimo, transforme todas as análises, informações e planos em um plano de marketing por escrito que forneça objetivos mensuráveis, mencionando como exemplo metas precisas de venda em valor e/ou unidade a atingir dentro de um prazo definido. Como em qualquer tarefa de planejamento, um plano elaborado é um avanço sobre o plano, muito mais freqüente, no estilo " Estive pensando a respeito..." que a maioria das pequenas e médias empresas continuam a desenvolver.

Oitavo, implemente e monitore o plano, mudando-o para atender às exigências do futuro. Nenhum plano vai ser 100% preciso e bem-sucedido — mas ao tomar o tempo para formular um plano de marketing, você ganhará uma vantagem imediata sobre seus oponentes. Escrever o plano torna-o mais apurado, mais preciso e menos sujeito a erro. O bom uso do plano solidificará e aumentará sua capacidade de sobrepujar a concorrência.

Utilize primeiro sua experiência pessoal (e de seus funcionários). Depois procure por fontes mais especializadas, como firmas de pesquisa de mercado ou consultores especializados em marketing. Use o que você tem à mão para identificar áreas onde habilidades profissionais de marketing serão úteis. Não faz sentido pagar por um trabalho que você pode ter mais rapidamente por menor custo e com melhor qualidade. Uma editora, certa vez, usou uma firma de marketing para fazer um estudo de mercado que acabou copiando informações que ela já possuía. O custo: seis semanas e R$ 6 mil.

Identifique opções e limitações

Seu plano de marketing deve refletir as limitações que sua empresa enfrenta, mas identificar as possibilidades que oferecem a você. Evite ficar demasiado atolado na síndrome do "Não posso fazer isso". Comece identificando suas possibilidades.

Tome cuidado ao rejeitar possibilidades que à primeira vista parecem fora da realidade. Elas podem acabar tornando-se o futuro de sua empresa.

Como você pode descobrir possibilidades? Primeiro, volte sua atenção para o seu pessoal — suas habilidades e energias são a base do crescimento da empresa a curto prazo. Embora você possa sempre contratar talento externo, o tempo e os custos de oportunidade envolvidos serão altos. Depois de uns poucos anos de operação, uma empresa tem um impulso incorporado que é extraordinariamente difícil de mudar. As pessoas desenvolvem modos fixos de fazer as coisas, de encarar os problemas e mercados, de pensar sobre linhas de produto e alterações futuras em produtos e serviços que se ajustam muito intimamente com a maneira da empresa trabalhar.

As habilidades não utilizadas ou subutilizadas de seus empregados mostram a diferença entre ser mediamente lucrativo ou ser uma empresa agressiva, altamente lucrativa.

Segundo, fale com seus clientes. Leia publicações de negócios. Consiga toda informação que puder — e anote as idéias de produtos/bens/serviços.

Lembre-se, quanto mais idéias você analisar, tanto melhores serão as chances de identificar os produtos certos para sua empresa e o mercado em que você atua.

A objetividade quanto às limitações de sua empresa é apenas ligeiramente menos importante do que abrir sua mente para novas idéias. As principais limitações são (nesta ordem): pessoal de gerência, pessoal especializado e dinheiro.

A ameaça mais perigosa para pequenas empresas em crescimento é que elas cresçam além da capacidade e do gerenciamento, antes que o pessoal de gerência saiba o que está acontecendo.

O segundo obstáculo é o pessoal especializado. Pessoal de produção especializado necessita de tempo para desenvolver novos padrões para ajustar às novas necessidades da produção. Você não pode vender um serviço sem o pessoal treinado. Mas isto também surge nas operações de varejo; familiaridade com as linhas de produto é uma importante ferramenta de vendas.

Leve em consideração que novas idéias de marketing são perturbadoras por causa do tempo envolvido em treinamento e ajuste.

Tudo o que foi mencionado custa dinheiro; às vezes, bem mais do que o previsto. Embora isto seja um grande problema para uma empresa com um fluxo de caixa restrito e capital insuficiente, para a maioria das empresas em andamento, o custo de desenvolver novos itens para o mercado é parte dos custos da empresa. (Os banqueiros sabem disso. Uma parte substancial da demanda por empréstimos comerciais vem das necessidades de capital de giro criadas pelo desenvolvimento de novos produtos/bens/serviços.)

Analise produtos e serviços

Uma análise cuidadosa da linha de produtos e/ou serviços é a próxima parte de um plano de marketing.

Inicie o processo tornando-se tão familiarizado quanto possível com seus produtos atuais. Na maio-

---

Quadro 3.1

Análise da linha de produtos/serviços

1. Relacione os produtos e/ou serviços que você comercializa.

2. Qual é a finalidade de cada um?

3. Essa finalidade: É um ganha-pão? Agora ou no futuro? Já ultrapassou o auge? O produto deve ser suspenso? Deve receber mais apoio?

4. Quais são as vantagens e desvantagens particulares dele em comparação com bens e serviços concorrentes?

5. O que o torna único?

6. Que melhoramentos foram feitos no produto ou serviço ultimamente?

7. Que novos produtos estão sendo desenvolvidos? Como novos produtos? Como produtos para completar uma linha? Como um modo de enfrentar a concorrência?

8. Quais são os possíveis substitutos para suas mercadorias? Que novo desenvolvimento (tecnológico ou outro) pode resultar em novos produtos, novas possibilidades competitivas para o próximo ano? E para os próximos cinco anos?

9. Você pode relacionar pelo menos cinco novas aplicações para seus produtos?

ria das empresas, os ganhos de mercado virão de novas aplicações de produtos antigos.

É por isto que você precisa estar completamente familiarizado com os produtos e serviços que oferece neste momento. Perguntando a si mesmo o que esse produtos têm a oferecer — perguntando aos seus clientes, ao pessoal de vendas, aos fornecedores e a qualquer outro que possa ter interesse em sua empresa, você pode descobrir o segredo de novas aplicações que serão as vendas de amanhã.

Por que as pessoas compram seus produtos em vez de comprar os de alguns concorrentes? O que mais você pode oferecer a essas pessoas, congruente com suas equipes atuais de produção, de vendas e de apoio, bem como com suas linhas de produtos?

Seja objetivo. Olhe para os seus produtos do ponto de vista de um cliente. (Se você serve um mercado institucional ou corporativo, tenha em mente que é um agente encarregado quem faz as compras — e não uma massa institucional amorfa. São pessoas que compram). Você pode apreciar o cuidado, a qualidade técnica e a dedicação que entraram na produção daquilo que você está oferecendo. Seus clientes provavelmente estão mais interessados em como podem usar aquele item e quanto ele custa. Eles o estarão comparando a outros produtos. Nenhum produto é tão exclusivo que não tenha concorrente.

Lembre-se, novas idéias muitas vezes são mais valiosas que os produtos de ontem.

Como exemplo de uma aplicação invulgar, bolas de basquete são usadas como válvulas de registro de bóia em algumas instalações nucleares. Bolas de basquete têm de satisfazer altos padrões de firmeza, resiliência, uniformidade e resistência à abrasão.

Examine detalhadamente os mercados em que você atua no momento

Quem são seus atuais clientes? Se não puder responder a isto, largue tudo até que consiga; isto é a base de todos os seus esforços de marketing.

Pergunte — e pergunte outra vez: Quem está comprando produtos de você e quais? Por que eles os estão comprando? Quais clientes são lucrativos? Quais não são?

Essa terceira pergunta não é fácil de se responder. Você deve saber quais produtos e qual mercado estão ganhando dinheiro para você.

Um modesto investimento de seu tempo pode tornar esta informação prontamente disponível. Pagar por esta informação é uma despesa comercial necessária, não um luxo.

Como você consegue esta informação sobre seu mercado atual? Pergunte ao seu pessoal de vendas. Examine suas contas a receber, registros de envio de mercadoria, faturas e relatórios de tempo (*time records*). Procure as contribuições às despesas gerais e lucros, não apenas níveis de venda.

Você pode abordar diretamente seus clientes (como exemplo, peça aos seus vendedores de loja que ofereçam um formulário para preencher ou para sugerirem que os clientes façam a assinatura de uma correspondência especial). Você pode perguntar indiretamente aos seus clientes — estudantes de marketing das faculdades locais fazem um bom trabalho montando este tipo de programa e ele ajuda a todos os envolvidos. Procure desenvolver perfis de clientes para que você possa segmentar e classificar seu mercado atual e assumir a liderança de mercado no futuro.

Pergunte aos seus clientes por que eles compram de você, quem poderia usar o mesmo produto ou semelhantes e como você pode satisfazer melhor as necessidades deles. Centralizando este tipo de solicitação em dois conjuntos de clientes (lucrativos, que compram bastante com pouco custo para você e clientes secundários, que poderiam ser transformados em lucrativos), você está apto a descobrir o que está fazendo certo, como poderia estar fazendo melhor e como seus produtos são vistos como desejáveis.

O fracasso em determinar quem são os clientes lucrativos leva muitas empresas a desperdiçar oportunidades de mercado e perseguir lucros quiméricos.

Seu alvo: criar mais e mais clientes lucrativos.

Quadro 3.2
Estudo de caso

Como parte da evolução da idéia de um novo produto ou serviço, olhe para o que ela pode fazer ao tempo disponível da gerência. Uma empresa, por exemplo, descobriu que uma nova linha de produtos criava duas tensões distintas na gerência. Primeiro, o nível de ajustamentos administrativos cresceu dramaticamente, tirando tempo dos projetos em andamento a um ponto crucial; segundo, o pessoal de vendas era solicitado ao máximo, o que resultou em atrasos de vendas (pois certo tempo gerencial foi subtraído para trabalho de treinamento e apresentação) e um certo número de pequenas dores de cabeça de produção. Esta junção de problemas acontece com quase todo novo projeto. Se você estiver ciente de que mais tempo indireto (administrativo) será envolvido, tanto em produção como em vendas, muitos problemas podem ser evitados.

Segmente e classifique sistematicamente os mercados

Segmentar e classificar seu mercado faz sentido até para a menor das empresas. Se você sabe quais clientes estão comprando quais produtos e qual é o impacto desses clientes identificados com relação aos seus lucros, você pode chegar a saber bastante sobre eles. Depois procure mais clientes com as mesmas características — clientes que comprem seus bens e serviços.

Algumas empresas são separadas pelo cuidado e meticulosidade com que as análises cruas ("Eu vejo mais vendas institucionais para este mês, não é?") são convertidas em informações úteis ("Vendas para escolas subiram 15% — ou R$ 8 mil — em relação ao mês passado, por meio de mala direta para os diretores das escolas nas áreas metropolitanas do Sudeste ...").

A relação do Quadro 3.3 pode sugerir alguns critérios para segmentar seus mercados. Você deve adaptar a abordagem para ajustar-se às possibilidades e limitações de sua empresa, produtos e situações especiais de mercado. (Muitos estudos de marketing são deixados de lado por serem considerados difíceis demais antes mesmo de começarem).

> **Quadro 3.3**
> **Alguns critérios de segmentação de mercado**
> **Indivíduos**
> ❑ idade ❑ sexo ❑ procedência ❑ passatempos ❑ estilo de vida ❑ educação ❑ classe social ❑ profissão ❑ nível de renda ❑ ciclo de vida familiar
> **Empresas**
> ❑ localização ❑ estrutura ❑ volume de vendas ❑ necessidades especiais ❑ padrões de distribuição ❑ número de funcionários ❑ fabricante/serviço/varejo/atacado ❑ CIP (Classificação Industrial Padrão)

Questione sempre "Por que estas pessoas compram da nossa empresa? Por quê? " Ao entender o que motiva as pessoas a comprarem os seus produtos, você terá uma idéia melhor de outros clientes potenciais (pessoas com o mesmo perfil de desejos e necessidades), novas idéias de como seus produtos são recebidos no mercado e mesmo idéias para novas aplicações e novos produtos.

Analise a concorrência

Um bom sobreaviso quanto ao futuro pode ser obtido seguindo de perto e assiduamente os esforços da concorrência. Entretanto, isto não quer dizer que você vai " brincar de pega-pega". Significa manter os olhos sobre o que eles estão fazendo e como estão vendendo seus produtos, para quem e a que preços.

Você quer aprender, tanto com os erros, quanto com os sucessos deles. Uma contribuição substancial para o seu plano de negócio virá de fato ao verificar quem são seus concorrentes, quem está comprando deles e não de você, por que isto está acontecendo — e depois imaginar o que você pode fazer para recuperar aquelas vendas. São clientes potenciais muito promissores, e se você pode descobrir por que não os está conseguindo e alguém está, você tem uma chance de atraí-los para seu campo de negócios. Como primeira etapa, meça cuidadosamente as participações de mercado — a sua, as deles — e depois considere as tendências.

Fique de olho naquelas empresas que não são concorrentes, mas podem se tornar — especialmente se você tem um mercado ligeiramente lucrativo que pode ser tragado por uma empresa maior, mais fortemente capitalizada.

Se você pode achar empresas não competitivas (separadas, digamos, geograficamente) na mesma área que a sua empresa, você pode ser capaz de interpretar as coisas de maneira ainda mais clara. Na indústria de câmaras, por exemplo, um fabricante tem uma reunião anual dos revendedores representantes das distintas localidades. Os revendedores trocam idéias brilhantes e erros, ajudam uns aos outros a melhorar e (não por acidente) ajudam o fabricante a compreender melhor as necessidades do mercado que ele serve.

Isto é o que faz o estudo da concorrência; ele lhe dá aquele algo a mais que faz a diferença.

Compare as forças de sua empresa com as do mercado

A etapa final antes de realmente pôr a tinta no papel é comparar, da melhor maneira, as forças de sua empresa (pessoal, recursos, produtos/bens/ serviços intangíveis como boas relações de distribuição) com as necessidades e desejos dos mercados que você decide servir.

O cerne do plano de marketing será determinar que mercados lhe proporcionam o melhor conjunto de preço e de produto para seus objetivos empresariais. A seguir, esboce quais passos você deve dar para aumentar sua participação no mercado (desenvolvimento de novo produto e outros meios).

Tudo isto é feito primeiro para permitir-lhe comparar cuidadosa, refletida e sabiamente aquilo que sua empresa tem recursos para fazer, com aquilo que o mercado deseja. Ninguém — nem a Procter & Gamble, nem a General Foods, nem a IBM — pode fazer mais.

Por onde você começa? Relacione as dez possibilidades que fazem mais sentido para você (e para seus associados, se você quer uma cooperação mais eficaz). Ordene-as — em termos de lucratividade potencial, facilidade de implementação, ajuste com a linha de produtos e serviço atuais, incluindo ajuste de preços. (Preço é uma parte importante de seu marketing e é discutido nos Capítulos 13 e 14. Por ora, lembre: lucro é uma função de preço e custos. Pode ser mais lucrativo vender mais unidades a um preço mais baixo, menos unidades a um preço mais alto, ou mesmo oferecer vários produtos diferentes para alcançar diferentes segmentos do mercado.)

Agora compare os segmentos de mercado e ordene-os em termos de tamanho, participação que você pode esperar alcançar para produtos específicos (agora, em um ano, em dois anos), e facilidade de entrada e apoio.

Como você está procurando a melhor combinação de forças e mercados, você provavelmente descobrirá que um processo de eliminar as combinações menos atrativas de mercados facilitará a escolha final.

Se você terminar com apenas uma composição ou uma dúzia, não importa — o que é vital é reconhecer que seus recursos disponíveis só podem ser estendidos até um certo ponto, e que você quer utilizá-los da maneira mais eficaz possível.

Monte um plano de marketing por escrito

Um plano de marketing é um acessório para os esforços mais amplos de planejamento da empresa; ele não opera em um vácuo.

Quadro 3.4
Olhando para frente

É importante estabelecer objetivos realistas, de curto prazo para sua empresa. Estes objetivos mais imediatos podem ajudar você a esclarecer e analisar os objetivos de prazo mais longo. A lista de verificação a seguir fornece algumas perguntas que podem ajudar você a definir planos para o futuro de sua empresa.

1. Quais são seus objetivos de marketing para o próximo ano nas seguintes áreas? Para os próximos cinco anos? ❏ vendas em R$ ❏ vendas em unidades ❏ lucros ❏ participação de mercado ❏ atividades a iniciar ❏ atividades a interromper ❏ clientes a suspender ❏ mercados a explorar ❏ mercados a abandonar ❏ expansão da base de clientes ❏ melhorias de produção/produto ❏ reputação

2. Relacione seus principais problemas de marketing em ordem de urgência.

3. Quais as maiores dificuldades e oportunidades que sua empresa enfrentará nos próximos cinco anos nas seguintes áreas?

❏ produtos e serviços ❏ atividade da concorrência ❏ atitudes dos clientes ❏ ambiente geral da empresa.

4. Que nova concorrência você espera nos próximos cinco anos?

5. Quais concorrentes você espera que decairão ou desaparecerão no próximo ano? Nos próximos cinco anos?

6. Que proporção de suas vendas virá de novos produtos daqui a cinco anos? E de novos mercados?

Esboço sugerido :
- Breve descrição dos mercados, produtos e/ou serviços atuais.
- Sua participação nestes mercados.
- Sugestões para melhorar a participação no mercado.
- Sugestões para novos produtos.
- Custo destas sugestões: pessoal, treinamento, tempo e dinheiro.
- Programa para alcançar metas de vendas e marketing.

Mantenha-o curto. Sempre que possível, relacione as idéias e sugestões com números específicos, em especial tempo e custos. Um dos mais úteis planos de marketing que já vimos tinha seis páginas. Ele descrevia vários serviços a serem oferecidos para uma indústria específica, ligados a um programa mensal de correspondência, chamadas telefônicas, vendas e previsões de fluxo de caixa.

Talvez você queira convocar alguma ajuda para elaborar seu primeiro plano de marketing — depois do primeiro, atualizá-lo é fácil.

Você quer que seu plano responda às seguintes perguntas: Quem forma o seu mercado? Por que este é um bom mercado para sua empresa? Este mercado está crescendo? Encolhendo? É estável? Qual é a sua participação neste mercado? Qual é a tendência de sua participação? Como você pode aumentar a lucratividade de sua participação no mercado?

Se você está envolvido com uma operação de fabricação, responda também: Quais os equipamentos de produção necessários? Quais são as suas fontes de suprimento? Quais as suas necessidades de mão-de-obra especializada? E quais as necessidades de pessoal de vendas e de pessoal de escritório?

O truque realmente difícil é traduzir os pontos fortes e percepções de mercado em uma abordagem passo a passo para entrar e lucrar em um novo mercado. Clientes prováveis, novos clientes, a disposição de melhorar de clientes antigos e assim por diante, podem ser previstos com alguma precisão se você fizer um trabalho preliminar, árduo mas necessário.

O resultado: crescimento controlado que não arruinará sua empresa, nem deixará para trás o seu pessoal, a produção ou ativos de capital.

Implemente, monitore e reavalie o plano.

Como em qualquer plano, você deve pô-lo para funcionar. Criando poeira em uma prateleira, ele será inútil. Campanhas de marketing, incluindo comunicação com o mercado, propaganda, estratégias e apoio de vendas, distribuição, serviço e assistência, requerem objetivos precisos. Meça o progresso comparando as realizações efetivas com esses objetivos.

Finalmente, planeje reavaliar seu plano de marketing pelo menos uma vez por ano. Os objetivos — e as circunstâncias — mudam. Seu plano deve mudar também — mas apenas depois de ponderada análise.

Plano de ação para: "Desenvolvendo um plano de marketing"

- Esteja ciente de suas possibilidades, limitações e oportunidades.
- Analise seus produtos e serviços para achar novas aplicações para o futuro.
- Olhe para seus clientes atuais e certifique-se de quem está comprando o quê, por quê e quais clientes são lucrativos.
- Segmente seus clientes para verificar por que eles compram de sua empresa.
- Acompanhe as inovações da concorrência.
- Avalie quais mercados podem proporcionar-lhe a melhor composição de preço e produto à luz de seus objetivos e elimine os compostos de mercados menos atraentes.
- Ponha seu plano de marketing no papel.
- Periodicamente meça seus progressos e reavalie seu plano quando necessário.

4

Analisando sua concorrência

Aspectos de seu plano de marketing que necessitam de sua contínua atenção são objeto dos próximos dois capítulos. O primeiro — aprendendo sobre sua concorrência — é inestimável para qualquer proprietário de empresa que quer expandir a própria empresa. A concorrência pode ensinar-lhe muito, fortalecendo, assim, sua posição no mercado.

Há três momentos distintos em que você deve estar preocupado com a concorrência. O primeiro é óbvio — quando você inicia uma nova empresa.

Quando Bill pensa em abrir *Hamburger Villa* do outro lado da rua do *Burger's City* de Bob, ele certamente avalia seu potencial competitivo. De fato, se Bill quer fazer um empréstimo para o empreendimento, é provável que seu banco requeira informações sobre quem é a concorrência e como Bill espera competir com ela e ter sucesso. Mesmo se Bill tiver empregado seu próprio dinheiro, você pode estar certo de que ele pensa nisto cuidadosamente. Quer ele escreva a respeito ou não, o fato é que ele faz uma análise da concorrência.

O segundo momento pode ser tenso — quando um novo concorrente entra em cena. Ao estudar a concorrência nessas circunstâncias, talvez você não tenha a flexibilidade e a liberdade que tinha antes da chegada dos concorrentes, para manter ou expandir o seu mercado.

Se o *McDonald's* decidir instalar-se a uma quadra e meia distante do *Burger's City* de Bob isto significa um problema tanto para Bill como para Bob. Bill terá de fazer uma clara e minuciosa análise da concorrência para ver como ele pode manter sua empresa.

O terceiro momento é o tempo todo. Isto significa manter seus observadores na rua e seus olhos abertos, para que você possa sempre dar-se o tempo e liberdade de evitar que os concorrentes interfiram no seu negócio. Este monitoramento permanente é manutenção preventiva e é sua melhor estratégia para proteger seus clientes e seu mercado. Não apenas prevenir é melhor do que remediar ao interceptar a concorrência e assegurar sua sobrevivência, mas também lhe permite reconhecer oportunidades quando elas ocorrem e, possivelmente, expandir o seu negócio.

Se Bill souber com antecedência que Bob, o dono do Bob's Burger City, decide aposentar-se dentro de dois anos, pode tomar medidas para ganhar o mercado de Bob. Administrar a situação competitiva pode dar-lhe a vantagem nesse caso.

Não espere que o problema surja. Evite-o.

É tempo de você concentrar-se em fazer da análise da concorrência uma atividade de rotina. Se você fizer regular e corretamente, pode muitas vezes evitar ser desafiado com sucesso por novos concorrentes. Se sua empresa for gerenciada de modo forte e agressivo, um concorrente potencial pode recuar e escolher uma outra localização. Se o concorrente chegar e você tiver feito corretamente o seu trabalho de autodefesa, você não será surpreendido andando desequilibradamente.

A regra do 80-20 é uma boa regra prática. 80% de seus lucros vêm de 20% de seus clientes. Se você conseguir identificar esses 20% e engrenar sua estratégia para manter esse grupo satisfeito, você estará na frente.

Faça um levantamento sobre a concorrência

Quem está vendendo produtos semelhantes em sua área de marketing? Quem poderia vender produtos semelhantes em sua área de marketing? Quem está vendendo produtos semelhantes para mercados diferentes?

Esta é sua concorrência!

É de seu maior interesse estar bem informado sobre a concorrência real e potencial. Os futuros concorrentes estarão avaliando sua compreensão sobre seu próprio negócio. Se eles perceberem que você não compreende o mercado em que atua, então é mais provável que eles decidam concorrer com você.

Muitas empresas estão concorrendo por um período de tempo ou uma porção da renda disponível. Algumas vezes seu concorrente mais direto atua em um negócio nada parecido. O gerente de empresa bem-sucedido reconhece a verdadeira concorrência. O que têm os cinemas, o boliche, o tricô e a jardinagem em comum? Todos eles competem por tempo de lazer. Você está nesta competição? Olhe para além dos seus concorrentes mais evidentes. Talvez eles nem lhe façam tanta concorrência assim. A concorrência que você tem é toda organização que, por suas ações, pode tirar de você uma parcela de seu mercado.

Analise a concorrência

Se você tira 80% de seus lucros de 20% de seus clientes, o mesmo acontece também aos seus rivais. Como eles ganham dinheiro? O que eles fazem de modo diferente? De que maneira eles são semelhantes? Visto que você acabou de enfrentar o problema de quem são os seus concorrentes, você deveria fazer uma suposição fundamentada sobre onde estarão eles no futuro.

Se eles acabaram de comprar um grande armazém ou uma frota de caminhões, provavelmente estão planejando expandir-se. Isto afetará sua empresa. Os jornais e revistas locais podem dar-lhe mais informações. Os seus concorrentes publicam freqüentemente anúncios de emprego? Eles estão crescendo ou não conseguem manter os empregados? Olhe os registros municipais. A concorrência está procurando alguma mudança de zoneamento? Os crescentes tributos de propriedade indicam aumentos de capital? Seus fornecedores ou clientes possivelmente estão a par das mudanças importantes.

É importante compreender quem são os "jogadores" adversários. Os diretores são jovens ou idosos? Ricos ou pobres? Locais ou de fora da cidade? O dono se envolve com a empresa ou é um proprietário ausente?

Olhe o porte do prédio. É muito maior que o seu? Tem estacionamento maior ou várias vagas extras para caminhões? Procure ter uma idéia sobre a grandeza do negócio que qualquer nova concorrência espera fazer. Não tenha receio de bisbilhotar pelos arredores do prédio (discretamente) se você acha que isto pode ajudar. Quanto mais conhecimento você tiver sobre seus concorrentes, empresas novas ou em operação, mais apto você estará para reagir.

Pense nos extensos relatórios de observadores disponíveis para os gerentes dos grandes times. Você precisa saber como (e quão bem) o outro time joga a fim de competir com sucesso.

Quadro 4.1		
Quando analisar a concorrência		
	Freqüência	Natureza da análise
Início ou compra	Uma vez	Para conhecer o mercado; satisfazer os bancos
Novo concorrente se impondo	Cada vez que o concorrente se fizer presente	Programa de emergência para determinar a estratégia de sobrevivência
Acompanhando concorrentes	Continuamente	Manutenção preventiva para barrar concorrentes, agarrar oportunidades

Compare-se a seus concorrentes

Do mesmo modo como você definiu seus pontos fortes, seus concorrentes definiram os deles. As chances são de que se você tem concorrentes fortes, eles também analisem os pontos fracos que *você* tem. Procure os sinais de advertência. Se vocês vendem o mesmo produto e os preços de seu rival são mais baixos, isto pode significar várias coisas. Talvez seu concorrente acredite que os clientes que você têm compram baseados no preço. Ou talvez sua concorrência pague menos pelo produto. Se sua concorrência faz propaganda sobre serviço, considere o seu próprio serviço. Toda firma procura diferenciar-se, na esperança de amealhar uma porção fiel do mercado total.

A pergunta mais importante que você pode fazer a você mesmo sobre sua empresa diz respeito a seus pontos fortes particulares. Alguma coisa deve distingui-lo da sua concorrência se você espera que seus clientes retornem. Os pontos fortes podem ser descobertos em muitas áreas. Um desses pontos fortes é a qualidade. O outro, a exclusividade. A Rolls Royce é um bom exemplo de ambos. A Volkswagen construiu um império baseado em preço e qualidade. Você pode confiar em disponibilidade, como fez a Timex. Estas são as escolhas mais óbvias.

O que sua empresa faz melhor que o resto da concorrência? Serviço? Confiabilidade? Entrega? Informação? Que parte do mercado você amealhou para si e como você pode servi-la melhor?

Quadro 4.2

Para comparação rápida

O cliente procura	A concorrência oferece	Você oferece
Qualidade		
Exclusividade		
Preços mais baixos		
Linha de produtos		
Assistência ao produto		
Confiança		
Entrega		
Local		
Informação		
Disponibilidade		
Cartões de crédito		
Linha de crédito		
Garantia		
Informações ao cliente		
Acessórios		
Capacidade de compreensão		
Assistência gratuita		

Agora que você deixou claro o quanto você é bom, diga: quais são seus pontos fracos? Toda empresa tem um conjunto de pontos fracos. As melhores empresas lidam com eles continuamente. Seus clientes estão felizes com a qualidade de seu produto? Você está perdendo vendas por causa de baixos níveis de estoque? Seus funcionários estão fazendo vendas ou matando-as? Seus preços são altos demais?

Isto não significa que você tem de combater sua concorrência em todas as frentes. Talvez sua vantagem distinta seja a melhor que possa ter. Sua preocupação principal é a satisfação do cliente. Você conhece seus pontos fortes; enfatize um ou vários deles. Conheça seus pontos fracos; faça o que puder para compensá-los.

É difícil comparar uma operação com outra, mas é essencial. O seu concorrente vê um ponto fraco em sua empresa ou um potencial que você perdeu no mercado total?

Como a concorrência é financiada? Eles hipotecaram uma casa para instalar-se próximo a você? É a divisão de um grupo muito maior com dinheiro bastante para realmente causar dificuldades a você? Se sua nova concorrência está tomando bastante dinheiro emprestado, será que uma guerra de preço iniciada por você poderia servir para incomodar o concorrente? Talvez você possa adicionar um serviço extra que eles não têm meios para oferecer.

Agora, relacione isto com estas perguntas: o que é importante para seus clientes e o mercado em geral? Como você pode ajustar-se para atender melhor a determinadas necessidades e, ao mesmo tempo, desestabilizar a concorrência?

> **Quadro 4.3**
> **Analisando a propaganda**
> Uma importante ferramenta de concorrência é a propaganda. Uma das melhores maneiras de avaliar sua concorrência é verificar uma peça de sua propaganda. O que eles enfatizam em seus anúncios? Eles apresentam preço, entrega, confiabilidade? Eles enfocam um item particular porque o fazem melhor do que você? Esse foco é importante para o cliente?
> Outra importante consideração é onde sua concorrência anuncia. Eles usam jornais, rádio ou periódicos comerciais? Que impressão a propaganda deles deixa nos clientes? A propaganda deles é eficaz?
> Está na hora de você revisar sua publicidade?

Procure informações adicionais

Sua rede de fornecedores é uma boa fonte de informações. Se você está em uma indústria de padrão razoável, pergunte a seus fornecedores se você está encomendando os mesmos produtos que sua concorrência e nas mesmas proporções. Talvez você esteja perdendo alguns produtos importantes que completariam sua linha e gerariam mais lucro. (Também é bem possível que sua concorrência tenha em estoque produtos que não vendam e que você não deve estocar, mas o melhor é compreender as diferenças.) E não rejeite automaticamente uma idéia só porque a concorrência a teve primeiro.

Outras perguntas que você pode fazer a seus fornecedores incluem como a sua gama de produtos e vendas anuais se compara à dos seus concorrentes. Se você vender uma quantidade assustadoramente pequena de coisas cor-de-rosa e sua concorrência vender a maioria de cor azul, há um modo de você vender mais das azuis? Lembre-se: se a sua concorrência é tão agressiva quanto você deveria ser, ela deve estar fazendo as mesmas perguntas que você.

Essas atividades não são truques sujos, mas procedimento operacional padrão. No caso de um olheiro de times esportivos ou

Quadro 4.4
Sinais de perigo
Sua concorrência está :
- Construindo um novo depósito
- Comprando propriedade adicional
- Desenvolvendo uma nova imagem para empresa
- Reduzindo ou elevando os preços
- Remodelando o interior da loja
- Comprando caminhões novos ou para entregas
- Reformando o exterior da loja
- Aumentando a propaganda em jornais ou rádio
- Mudando o horário de funcionamento
- Aumentando o pessoal de vendas ou expandindo o território do mercado
- Fornecendo novas informações ou aconselhamento mais completo ao cliente
- Fornecendo serviços adicionais, tais como entrega em um dia
- Estendendo o crédito
- Dando um novo acabamento ao produto
- Realizando pesquisa de mercado
- Mudando a linha de produto, aumentando-a ou diminuindo-a
- Patrocinando um time esportivo
- Participando ativamente das atividades da comunidade

Sua empresa está:
- Perdendo clientes
- Perdendo em volume de vendas
- Entrando em problemas de fluxo de caixa
- Tendo crescentes dificuldades de pessoal

Dentro da empresa:
- Mudanças tecnológicas podem tornar alguns dos seus produtos obsoletos
- A experiência de empresas semelhantes com segmentos de mercado semelhantes, localizadas em outras áreas geográficas, tem sido desfavorável
- Seu produto é um a respeito do qual há grupos de consumidores preocupados por razões ecológicas ou médicas

espionagem industrial, isso prossegue rotineiramente. Embora os fornecedores não devam revelar fatos sobre a concorrência, eles freqüentemente o fazem. E se seu fornecedor lhe conta sobre sua concorrência, pode apostar que seus concorrentes podem descobrir o mesmo sobre você.

Reserve tempo em sua agenda cheia de compromissos para percorrer a concorrência ou peça a um representante de confiança para fazê-lo.

Em qualquer concorrência, quanto mais souber sobre o oponente, melhor será para você. Faça com que um avaliador objetivo percorra as suas lojas — o que é uma grande maneira de descobrir seus pontos fortes e fracos.

Leia os periódicos sobre negócios e qualquer literatura que possa encontrar relativos ao seu produto. Você nunca vai estar bem informado demais; algum pequeno fato pode ser uma peça-chave na solução de um problema.

Olhe para além de sua área imediata. Concorrentes tornam-se colegas quando estão afastados a uma certa distância. Você os encontra nas reuniões da associação de classe e eles trocam informações sobre como lidar com a concorrência, sobre o que deve ficar de sobreaviso e mil e uma outras idéias úteis.

Prepare uma estratégia de marketing competitiva

Agora que você procurou comparar-se à sua concorrência e sabe onde estão seus pontos fortes e fracos, prepare uma estratégia de marketing que obtenha vantagem das áreas em que você é superior ao seu concorrente e enquanto corrige suas próprias fraquezas.

Decida o que precisa ser mudado e como você planeja mudar. Calcule o custo, busque orientação ou ajuda onde necessário e comece. Por exemplo, você pode querer:

- Fornecer entrega em 24 horas para qualquer ponto da cidade.
- Treinar os balconistas para estarem mais bem informados sobre a linha de produtos.
- Dar ênfase à polidez de atendimento.
- Melhorar sua imagem mediante melhor propaganda.
- Patrocinar um time esportivo.
- Organizar vitrines de modo mais atrativo e eficiente.

A despesa de implementar muitas de tais estratégias é nominal, enquanto o pagamento (dos funcionários) pode ser surpreendentemente compensador.

Implante a estratégia; reavalie-a regularmente.

Esta última etapa é a mais importante de todas. Aja. Não espere. Cada dia que você expuser uma fraqueza, sua concorrência pode ficar mais forte e você pode perder parte do seu mercado.

Certifique-se de que seu plano seja implementado corretamente, depois monitore seus resultados para observar melhorias ou lentidão. Se a estratégia estiver funcionando, verifique o que é que você está fazendo bem. Se não, avalie as áreas problemáticas. Em qualquer caso, a constante verificação dos efeitos de sua estratégia é crucial para garantir o sucesso do seu novo plano de marketing.

Plano de ação para: "Analisando sua concorrência"

- ❏ Avalie quem é sua concorrência — relacione toda organização que possa tirar parte de seu mercado.
- ❏ Veja como a sua concorrência faz negócios e ganha dinheiro, observando também quais os planos que ela tem em relação ao futuro.
- ❏ Avalie seus pontos fortes e fracos em face dos de seus concorrentes, e concentre-se em como você pode atender ao mercado melhor do que a concorrência.
- ❏ Procure informações adicionais sobre seus concorrentes conversando com fornecedores, visitando as lojas de seus rivais, lendo publicações comerciais e comparecendo a reuniões da associação de classe.
- ❏ Prepare, ponha em prática e reavalie a estratégia de marketing que lhe dá vantagem sobre a concorrência.

5

Pesquisa de mercado de baixo custo

O segundo aspecto do marketing, considerado uma tarefa permanente, é o de você aprender mais sobre seus clientes potenciais. A pesquisa de mercado não precisa ser cara para ser exata e válida. Muitas empresas conseguem a informação de que precisam com pouca ou nenhuma assistência profissional. Obter informações sobre o mercado para sua empresa é tão importante quanto uma estimativa financeira, mas é algo freqüentemente negligenciado, devido à crença comum de que os estudos de mercado são apenas para as grandes empresas.

A pesquisa de mercado pode ser definida como qualquer informação segura que o faz conhecer melhor as pessoas que consomem seus produtos ou serviços, e que ajuda você a melhorar suas decisões de marketing.

Nem sempre é melhor realizar a pesquisa você mesmo, mas avaliando as seguintes diretrizes você pode ser capaz de incrementar as vendas sem jamais tocar no talão de cheques.

Crie objetivos de pesquisa de mercado

Antes de se aventurar em qualquer forma de pesquisa de mercado, você deve deixar claro o que precisa saber. Quais são suas questões básicas? O Quadro 5.1 é uma lista de verificação projetada para ajudá-lo a começar. Examine minuciosamente o que você já sabe sobre cada aspecto de seu mercado, incluindo seus clientes, os produtos ou serviços que

Quadro 5.1
Perguntas básicas de pesquisa de mercado

Sobre o cliente	Sobre a concorrência	Sobre o produto
Idade?	Participação de mercado?	Motivo da compra?
Renda anual?	Plano de propaganda?	Preço?
Sexo?	Preço?	Serviço?
Grupo étnico?	Distribuição?	Embalagem?
Profissão?	Características?	Como será usado?
Casa própria?	Tempo de operação?	Quantos comprados/ano?
Mídia preferida?		O que melhorar?

Estas são apenas umas poucas perguntas básicas a considerar. Seus produtos/serviços vão sugerir as outras.

você vende, onde os vende e quem é sua concorrência. Algumas das respostas que você busca podem surgir durante este estágio preliminar.

Uma vez que foi deixado claro o que você precisa saber sobre o mercado, faça uma lista e ordene os itens por grau de importância. Isto o ajudará a decidir até onde ir com a pesquisa no caso de seu dinheiro ou o tempo estiver curto.

Finalmente, você deve determinar o que vai fazer com as informações depois que elas forem obtidas. Se o valor da informação que você busca é de algum modo limitado, você deve anotar isto em sua relação de objetivos e investir seu tempo ou dinheiro nesse ponto. Se, por exemplo, para a Manutenção de Máquinas de Escritório Ltda. você gostaria de saber quantas empresas no seu estado têm duas ou mais máquinas de escrever no escritório, mas atualmente você não tem capacidade de distribuição para atender mais do que seu município, procure anotar isto. De que serve essa informação agora? Se você está planejando uma expansão importante, ela pode ser essencial. Mas se você sabe que não está planejando expandir-se nos próximos cinco anos, ela vale menos.

Busque uma estimativa profissional

Se as informações que você quer forem extremamente complicadas ou demoradas, uma organização profissional de marketing pode surgir como uma alternativa melhor. Se isto é ou não o caso, verifique-o, apresentando sua relação de objetivos a um profissional para conseguir uma estimativa.

Consultores de marketing levarão normalmente uma hora ou duas para assimilar algo sobre sua empresa e seus objetivos. Em seguida eles apresentarão uma proposta que inclui uma faixa de preço fixo. Com base nisso você saberá se será menos custoso a longo prazo se o trabalho for realizado por um profissional. Também o ajudará a estabelecer um orçamento para o projeto.

Em certas ocasiões, contratar profissionais será sua melhor alternativa.

Avalie as alternativas menos dispendiosas

As alternativas de pesquisa de mercado podem ser divididas em três categorias. Cada uma produz dados que são valiosos, mas podem não ser relevantes para seu projeto. Avaliando as escolhas em cada área, você descobrirá os métodos que vão funcionar melhor para seus objetivos. Estes métodos devem ser verificados na folha de registros do Quadro 5.2 para que possam ser facilmente avaliados.

1. Ajuda profissional a preços mais baixos

Os profissionais não limitam seus serviços de marketing a estudos extensos, dispendiosos. Eles oferecem outros serviços que podem ser tudo aquilo de que sua empresa necessita. Veja se algum desses itens funcionaria no seu caso:

Assinatura de estudos gerais de marketing: firmas de marketing profissional compilam pesquisas sobre tendências gerais de mercado para uma ampla faixa de empresas. Estas pesquisas são vendidas a grandes corporações, associações empresariais ou bancos. Elas contêm informações úteis sobre os aspectos mais amplos de empresas privadas.

Profissionais de assessoria parcial na pesquisa: alguns consultores de empresa preferem utilizar a relação de objetivos de pesquisa que lhes apresentam e ajudam a criar um plano de pesquisa que você mesmo pode implementar, e depois interpretam os resultados. Estes são geralmente consultores privados que fornecem estes serviços por uma remuneração fixa.

Consultores à base de tempo: se sua necessidade de assistência profissional é limitada a um número ainda menor de tarefas, alguns consultores podem ser contratados por hora. Esteja preparado, entretanto, para uma despesa ligeiramente maior na primeira reunião, pois o consultor terá necessidade de dedicar um tempo para conhecer sua empresa.

Serviços computadorizados de bancos de dados: por uma taxa horária, serviços de bancos de dados usam o poder das comunicações informatizadas para esquadrinhar milhares de bancos de dados em busca de informações existentes sobre seu ramo de negócio. Alguns serviços coletam estes dados e os interpretam para você.

Pesquisas multiclientes: várias empresas diferentes que servem o mesmo mercado podem conjugar seus recursos financeiros para financiar uma pesquisa que satisfaça a todas as suas necessidades. Empresas profissionais de marketing o ajudarão a estruturar este tipo de levantamento.

Pesquisas coletivas: uma firma de pesquisa permite às empresas participar da pesquisa a um custo por pergunta. Cada empresa paga apenas pelas perguntas que faz e só recebe respostas para aquelas perguntas. Isto é particularmente valioso se seus objetivos de marketing são estreitos o bastante para serem respondidos em poucas linhas. Se você quer saber apenas, por exemplo, se a cor é importante para os compradores de equipamentos a motor, você pode perguntar somente isto.

Especialistas em seu conselho administrativo: você pode desfrutar de análise contínua de marketing colocando um especialista em marketing ou consultor de empresa no seu conselho administrativo, oferecendo-lhe uma pequena parcela de ações da empresa. Isto proporciona orientações que podem ser aproveitadas por um período muito maior de tempo.

Fóruns empresariais: um novo acontecimento popular que está aparecendo em mais e mais cidades. É o fórum empresarial. Estes fóruns são comumente oferecidos em campus universitários e dão a empresas novas ou em crescimento uma oportunidade de apresentar seus planos empresariais a um quadro de especialistas. Entre os especialistas sempre há um profissional de marketing que trabalhará com o resto do quadro para apresentar críticas construtivas sobre cada plano. O especialista em marketing terá geralmente alguma boa orientação a respeito de informações adicionais sobre o mercado, que custa pouco e é valiosa.

2. Informações adicionais

Informações adicionais são dados que já existem a respeito de um mercado, embora não tenham sido necessariamente compilados para propósitos de marketing. Isto inclui desde dados do censo até artigos de revista e, quando usados corretamente, podem fornecer uma extensa gama de informações úteis.

A razão para existirem tantos dados adicionais valiosos é que para cada atividade econômica importante há uma associação que a representa, uma agência governamental que a monitora e uma revista que a cobre.

Há duas categorias de informações adicionais incluídas aqui. Uma é a informação que pode ser encontrada dentro da empresa atual e outra é a informação que deve ser colhida de outras fontes. Ambas são úteis e devem ser consideradas.

Registros de reclamações de clientes: não pode haver modo mais positivo de melhorar seus produtos ou serviços do que escutar as reclamações dos clientes. Reclamações repetidas são indicadores óbvios.

Registros e relatórios de vendas: tão valioso quanto o que não está funcionando é o que está vendendo bem, especialmente se, através de relatórios de vendas, você puder apontar com precisão o que faz com que seu produto tenha boa saída, por exemplo.

Faturas de serviços: assim como reclamações de clientes, ajudam a identificar certos problemas pelos quais uma linha de produto esteja passando.

Dados do censo: são muito valiosos de várias maneiras. Eles podem determinar a base econômica, faixas etárias dominantes, necessidades habitacionais e tipos de emprego e podem prover toda a informação geral sobre uma área particular de que uma empresa precisa.

Agências governamentais locais: o material do censo se torna ainda mais útil quando já foi reduzido a tamanho administrável pelas agências locais, como comissões de planejamento e zoneamento. Estes grupos não apenas analisam a área-alvo em busca de tendências de mercado, mas também podem prognosticar o futuro daquele mesmo grupo. Empregados das agências locais estão freqüentemente dispostos a discutir seus dados com grande paciência. Além disso, cópias de suas publicações estão disponíveis por preços acessíveis.

Revistas de negócios: estas publicações cobrem uma vasta faixa de idéias e ramos. Um pouco de tempo gasto em uma biblioteca pode fornecer informações valiosas, tanto no sentido geral como no específico.

Periódicos e associações comerciais: são mais especializados que as publicações comerciais de negócios e fornecem indicações de onde conseguir dados mais minuciosos de mercado, bem como notícias diárias sobre um ramo específico. Podem ser altamente direcionados, como *Beer Marketer's Insights[1]*, por exemplo.

Levantamento de dados econômicos comuns dos concorrentes: em geral, donos de empresas orgulham-se de suas realizações e ficam felizes em discuti-las com outros. Um levantamento de pessoas no mesmo negócio que o seu pode trazer grandes quantidades de bons dados. O levantamento funciona melhor quando os donos a quem se fazem as perguntas não vêem perigo no levantamento. Os melhores resultados ocorreram quando o levantamento foi feito em empresas de outra parte do país onde não há perigo de concorrência, mas o mercado é semelhante o bastante para tornar úteis os resultados.

Técnicas de propaganda dos concorrentes: avaliando a propaganda de concorrentes bem-sucedidos durante um período de tempo, você pode muitas vezes determinar que estratégias aumentaram o volume de negócios deles e quais estratégias falharam.

Informações de organizações sem fins lucrativos: esses grupos têm de realizar a mesma pesquisa de mercado que as outras empresas. Eles freqüentemente têm informações sobre o mercado deles que transmitiriam para outra empresa por uma pequena soma.

Teste conceitual: clientes de uma empresa existente, com freqüência, oferecem sua opinião a respeito de um novo produto. Entretanto, deve-se tomar cuidado para que somente prováveis usuários do produto sejam testados. (Você não pediria a vegetarianos comentários sobre sua Picanha Gaúcha).

Observação sistemática: uma empresa pode aprender bastante sobre o comportamento do cliente observando certos hábitos direta ou indiretamente. Por exemplo, uma estação de rádio fez um levantamento de qual estação era preferida pelo pessoal a caminho do trabalho, anotando onde o rádio estava sintonizado nos carros em conserto de várias oficinas.

3. Pesquisa primária autoproduzida

Pesquisa primária autoproduzida consiste essencialmente em vários tipos de levantamento. Estes levantamentos vão de questionários profissionalmente aplicados a conversas informais com contatos comerciais, conhecedores do assunto.

---

1 – Discernimentos do negociante de cerveja (N. do T.).

> **Quadro 5.2**
> **Qual é sua estratégia atual?**
>
> Tipo de empresa _____
> Objetivos da pesquisa _____
> _____
>
> Estimativa profissional _____
>
> Métodos alternativos que você pode usar:
>
> | | |
> |---|---|
> | —— Assinaturas de pesquisas de mercado | —— Assessoria parcial |
> | —— Assessoria por hora | —— Serviço computadorizado de banco de dados |
> | —— Pesquisas multicliente | —— Pesquisas coletivas |
> | —— Especialista no seu conselho administrativo | —— Fóruns de empresas |
> | —— Reclamações de clientes | —— Registros e relatórios de vendas |
> | —— Faturas de serviços | —— Dados do censo |
> | —— Agências governamentais locais | —— Revistas de negócios |
> | —— Periódicos comerciais | —— Levantamento dos concorrentes |
> | —— Propaganda dos concorrentes | —— Organizações sem fins lucrativos |
> | —— Teste conceitual | —— Observação sistemática |
> | —— Levantamentos assistidos por universidades | —— Perfis de clientes |
> | —— Grupos de focalização | —— Levantamentos pessoais informais |
> | —— Feiras comerciais | —— Fabricantes e fornecedores |
> | —— Entrevistas em shopping centers | |

Se a pesquisa primária de que você precisa requer extensa coleta de dados, então você necessitará de assistência profissional.

Levantamentos assistidos por universidades: faculdades e universidades por todo o país têm Institutos de Pequenas Empresas especializados. Como resultado, esses programas estão constantemente procurando novas empresas para trabalhar com elas, para o benefício delas próprias e do programa.

Programas de pequenas empresas servem a mais de 8 mil todo ano[2]. Um dos mais valiosos serviços que eles oferecem é ajudar a pequena empresa a implementar levantamentos de mercado. Com o auxílio do professor residente, em muitos casos, estudantes e graduados em admi-

---
2 - Dados referentes aos Estados Unidos. No Brasil o SEBRAE é o órgão mais conhecido de assistência à pequena empresa (N. do T.).

nistração podem completar sua pesquisa por 10% do custo de profissionais. Além disso, eles são conseqüentemente bem controlados e produzem dados confiáveis.

Perfis de clientes: outro instrumento primário útil é a criação do perfil do cliente. Comparando o perfil com dados adicionais disponíveis, uma empresa pode, geralmente, chegar a muitas conclusões sobre seu mercado.

Grupos de focalização: discussões informais conduzidas com oito a doze clientes ou especialistas em empresas, sobre seus produtos e serviços, podem, freqüentemente, eliminar muitos dos problemas de uma nova idéia antes que ela chegue às prateleiras. Estes grupos são uma outra idéia que funciona muito bem nos campus universitários.

Levantamentos pessoais informais com clientes: tendo em mente que qualquer informação prestada por um cliente é subjetiva, através desta fonte uma empresa pode ainda achar respostas para certas perguntas.

Feiras comerciais: há mais dados disponíveis em uma feira comercial do que muita gente pensa. Além de ver seus concorrentes apresentarem sua estratégia, a variedade de pessoas presentes pode oferecer um suprimento interminável de discernimentos sobre seu ramo de negócio.

Discussões com fabricantes e fornecedores: quem conhece seu ramo de negócio melhor do que as pessoas que o servem ou fornecem? Esta fonte é freqüentemente negligenciada. E, porque estes indivíduos podem querer fazer negócio com você, eles geralmente estão dispostos a despender um bom tempo respondendo às suas perguntas.

Entrevistas em shopping centers: finalmente, se você está tentando avaliar sua clientela potencial, procure ir aonde muitos profissionais conseguem informações: os shopping centers. Graças à variedade de lojas em um centro comercial, um levantamento tem assegurado um perfil esclarecedor quanto à reação dos consumidores, pelos menos para bens de varejo.

Avalie o custo de realizar a pesquisa você mesmo

Utilizando o Quadro 5.2 você pode ver quantos métodos de pesquisa alternativos são adequados às suas necessidades. Agora é tempo de avaliar estas alternativas.

Teoricamente, os itens que você marcou serão um equilíbrio entre as informações facilmente acessíveis e a pesquisa demorada. Se muitos dos dados que você deseja estão prontamente disponíveis e precisam apenas ser melhorados por um breve levantamento, você talvez decidirá ir em frente com seu próprio projeto. Entretanto, se a maioria dos dados que você selecionou requer muito tempo e pesquisa, fazer você mesmo talvez não valha a pena.

Você deve ponderar entre o custo de realizar por si mesmo a pesquisa de mercado e o benefício dos resultados. A segunda parte é relativamente simples. Usando sua lista de objetivos de pesquisa de mercado, você pode conseguir uma idéia muito forte de como seu estudo vai melhorar suas decisões de marketing. Avaliar o custo da pesquisa é um pouco mais difícil.

Custos quanto a dedicação de tempo e energia à pesquisa de mercado são medidos de maneiras diferentes, dependendo de sua situação particular. Por exemplo, se você tem uma empresa em expansão que está esperando pelos resultados do estudo para determinar se implementa ou não um novo produto, então o tempo é essencial, e um estudo profissional pode ser mais eficiente e oportuno. Ademais, se a produção é prejudicada enquanto você dedica seu tempo à pesquisa em vez de dedicá-lo à gerência, então o custo pode novamente ser demasiado.

Entretanto, se sua empresa ainda está na fase inicial ou se os fundos estão baixos, e a produção lenta deixa você com funcionários que poderiam estar ajudando na pesquisa em vez de apenas passar o tempo, então o custo é mínimo, se comparado à utilidade do estudo. Esta é uma decisão só sua; assim, esteja certo de considerar cada custo não aparente antes de decidir.

Escolha o plano de pesquisa que funcionará para você

Tendo comparado as possibilidades de completar seu próprio estudo de mercado com o preço de um profissional, você sem dúvida aprenderá muito sobre a importância da pesquisa de mercado. Talvez resulte que qualquer alternativa seja muito dispendiosa se você quiser atingir todos os seus objetivos de marketing. Se este for o caso, uma alternativa racional é centrar-se em apenas uns poucos objetivos a cada ano. Se esta é a estratégia e a pesquisa for implementada por você e sua empresa, você se tornará mais hábil em obter e analisar dados.

Mesmo se seu levantamento for limitado por tempo e orçamento, qualquer pesquisa que você realizar irá reforçar seu conhecimento do mercado, e todo auxílio é válido.

Uma vez que você tem a sua lista de objetivos de pesquisa de mercado à mão e está preparado para dedicar algum tempo à pesquisa, as etapas a seguir o guiarão através do processo de completar seu levantamento de mercado.

Reúna informações adicionais

Das numerosas fontes adicionais acessíveis, o lugar mais óbvio para começar é dentro de sua própria empresa. Comece por levar em conta as reclamações dos clientes, registros e relatórios de vendas e faturas de serviços.

A etapa seguinte é coletar dados de outras fontes. Estas incluem:
- empresas de utilidade pública
- *American Demographics* (uma revista mensal)[3]
- Comissões de planejamento — regionais e municipais
- Câmaras de Comércio, que têm inúmeras informações demográficas para suas áreas

As várias formas de informação do governo e publicações comerciais vêm detalhadas em uma coleção útil de livros de consulta. Aprender a realizar qualquer um desses tipos de pesquisa fica muito mais fácil com o auxílio de um bibliotecário.

Colete seus dados primários

A maioria dos dados primários é obtida por meio de levantamentos. Estes apresentam perguntas específicas a fim de produzir informações igualmente específicas. Este tipo de dado é coletado por três métodos: mala direta, telefone ou visitas porta em porta.

Levantamentos por telefone e porta em porta têm a vantagem da resposta imediata. Não há intervalo de tempo entre as perguntas e as respostas. São, entretanto, mais dispendiosos para implementar, requerendo contato pessoal com cada questionado.

Levantamentos por mala direta são mais rápidos e menos dispendiosos para implementar. Entretanto, há um período indefinido de tem-

---

3 – No Brasil seriam os boletins do IBGE (Instituto Brasileiro de Geografia e Estatística) (N. do T.).

po entre o envio e as respostas e, praticamente, não há modo de prever o número de destinatários que irão dispor de um tempo para responder suas perguntas.

Em termos de resultado, os levantamentos mais bem-sucedidos são os que fazem uso dos benefícios de ambos os tipos. Um levantamento telefônico de acompanhamento, perguntando se o grupo-alvo recebeu o questionário e se o completou, tem produzido a taxa de retorno mais eficiente.

Há tantos detalhes importantes a considerar ao conduzir um levantamento que uma certa forma de apoio é quase essencial. Como mencionamos, profissionais de assessoria parcial ou por hora podem fornecer-lhe este conhecimento especializado. Mas há ajuda menos dispendiosa disponível. As universidades estão sempre procurando pequenas empresas para trabalhar junto com elas. Os alunos de marketing ajudarão a criar e a implementar um levantamento de qualidade. Há também livros disponíveis que demonstram como um levantamento deve ser organizado, incluindo os tipos de perguntas que devem ser feitos para o seu tipo de empresa.

Se planeja realizar um levantamento, você deve considerar estes tipos de apoio. Você deve também familiarizar-se com as seguintes diretrizes gerais, a fim de estar ainda melhor preparado para reunir-se e falar claramente com seus conselheiros:

Especifique os objetivos: agora, mais do que nunca, você precisa saber que tipo de informações está buscando.

Treine sua equipe de levantamento: se você está realizando o levantamento usando seu próprio pessoal, este deve saber como realizar sua pesquisa. Seus consultores de levantamento podem ajudá-lo a treiná-los rapidamente.

Faça as perguntas certas: elas devem proporcionar a você as respostas que procura. Por exemplo, uma cervejaria deveria descobrir se seus questionados gostam de cerveja, antes de solicitar opiniões sobre suas preferências de marcas.

Siga as regras: você deve aplicar corretamente os princípios e métodos de coleta de dados. Se você não realizar seu levantamento tão cientificamente quanto possível, seus dados serão muito menos confiáveis.

> **Quadro 5.3**
> **Uma palavra sobre como conseguir ajuda**
>
> Se, na folha de registros, você pende em favor dos serviços computadorizados de banco de dados, grupos de focalização ou levantamentos multicliente e coletivos, então provavelmente você necessitará pelo menos da ajuda parcial de profissionais.
> Talvez você tenha optado em fazer seu levantamento de mercado sozinho. Mesmo assim, certa assistência experiente ajudará. Bibliotecários, faculdades, mesmo colégios, todos são recursos disponíveis para você. Sugerimos que pelo menos obtenha uma estimativa dos serviços de uma consultoria por hora ou parcial. Considere todos os benefícios de um profissional antes de tomar sua decisão. Por exemplo, se você contrata um consultor de empresa de meio-período para ajudá-lo em seu levantamento, esse indivíduo terá uma chance de chegar a conhecer sua empresa e, como resultado, ser capaz de ajudá-lo mais facilmente em outros tipos de problemas empresariais no futuro.

Faça com que o levantamento seja fácil de completar. Perguntas de múltipla escolha são preferíveis quando possível. As pessoas não são loucas de passar horas de seu tempo completando um questionário para um desconhecido.

Ordene as técnicas de levantamento: se você está preparando um questionário via correio, dê aos questionados algum tipo de aviso prévio na forma de um cartão postal. Acrescente um cartão-resposta comercial de postagem paga e faça acompanhamento por telefone. Todos esses métodos irão melhorar seu índice de retorno.

Faça um favor a si mesmo: elabore um levantamento fácil de tabular. Quanto mais difícil de anotar as perguntas, mais longo o processo de coletar e interpretar.

Com um pouco de planejamento cuidadoso, você realizará um levantamento altamente eficaz que produzirá alguns resultados valiosos. Enquanto isso, não abandone a coleta informal de dados. Decida-se a visitar exposições, fale com fabricantes e fornecedores e peça opiniões de clientes. Esta pesquisa informal servirá de apoio para melhorias do seu questionário. Uma palavra de advertência, entretanto: você precisa saber se gosta de conversar com as pessoas. Se você não se dá bem em conversas informais e em reuniões sociais, mande alguém que goste.

Organize e analise sua pesquisa

Agora que você juntou uma montanha de papel, é tempo de transformá-la em um pacote útil de pesquisa. O processo de depuração inclui as etapas a seguir:

Procure dados relevantes: muitas das informações que você obtiver, especialmente dados adicionais, não serão relevantes para seus objetivos de pesquisa. Podem ser interessantes, mas não necessariamente importantes. Deixe de lado qualquer informação que não é pertinente às suas necessidades imediatas de marketing.

Busque a objetividade: muitas das informações que você obteve podem não ser objetivas. Reclamações de clientes e levantamentos pessoais informais apóiam-se demasiadamente em opiniões tendenciosas para serem completamente previsíveis. Por outro lado, dados do censo e respostas de levantamento são menos afetadas por preconceitos individuais e portanto mais objetivas. Ambas as fontes de informação são valiosas, mas é melhor confiar em informação subjetiva somente para apoiar as constatações mais gerais da pesquisa objetiva. Os dois tipos de informação devem ser separados para organizar melhor o seu questionário.

Analise a consistência: compare os resultados dos diferentes métodos de coleta de dados. Verifique se os fornecedores dizem as mesmas coisas sobre o mercado que as conclusões de seu levantamento. Compare os preços dos concorrentes com os dados econômicos da área-alvo. É provável que você detecte algumas tendências corretas. Ademais, você pode julgar a confiabilidade de suas várias fontes comparando umas às outras.

Procure entender as entrelinhas: com a ajuda de pesquisadores experientes, você pode extrapolar os dados que estão em seu poder para produzir ainda mais informação. Por exemplo, combinando estatística do censo sobre a renda média com a percentagem de proprietários versus locatários, um empreiteiro paisagista pode determinar se seus serviços estão ao alcance, ou mesmo se são requeridos, em áreas particulares de seu mercado-alvo.

Quantifique os resultados: você pode verificar rapidamente quais dados são quantitativos e quais não. Informação quantitativa é simplesmente qualquer dado que pode ser contado. Informação qualitativa, porém, é mais subjetiva e mais difícil de organizar. A melhor maneira de organizá-la é dispô-la em forma de lista e procurar opiniões comuns que podem ser contadas juntas.

Depois de seguir essas etapas básicas, você deve ser capaz de catalogar algumas observações gerais sobre sua pesquisa. Elas devem ser organizadas de modo que você possa achar facilmente a fonte na sua pesquisa. Com os dados em mãos, você pode começar a tomar decisões.

Talvez você queira consultar um especialista para conseguir ajuda na interpretação dos dados.

Procure obter resultado dos seus dados

Utilizando sua pesquisa de mercado de forma correta, você pode adquirir confiança para prosseguir com um plano. Se você seguiu corretamente cada etapa, sua pesquisa refletirá com precisão o mercado. Entretanto, decisão cuidadosa ainda deve ser a regra.

Se seu estudo de mercado foi de sua própria autoria ou comprado de um profissional, é de se considerar que ele não é infalível. Não coloque todo o futuro de sua empresa em jogo por causa do que você pode prever agora. O mercado pode mudar de uma hora para outra.

A melhor estratégia é um bom plano, que forneça diversas opções para o futuro, para que haja garantia contra mudanças imprevisíveis. Um estudo de mercado usado desta maneira só produzirá maior sucesso.

O caso da *Able Builders*

John Able e seu irmão possuíam uma pequena construtora, especializada em casas sob encomenda e reformas. Os negócios estavam piorando em sua primeira localidade devido a uma economia local em queda; assim, decidiram mudar para uma região mais estável.

Antes que a *Able Builders* pudesse simplesmente fazer as malas e mudar-se, era necessária informação sobre a área-alvo escolhida. O dinheiro era escasso na empresa e Able achou que não podia pagar uma pesquisa de mercado profissional. Os profissionais de marketing naquela área estimaram que custaria cerca de R$ 3 mil para alcançar todos os objetivos de marketing que a *Able Builders* tinha estabelecido. Como resultado, Able decidiu fazer sua própria pesquisa de mercado. Ele estivera trabalhando em um plano empresarial para ser implementado em sua nova localidade, e também estava matriculado em um curso de gerência de pequena empresa de uma universidade local.

Able iniciou sua pesquisa com os registros do censo estadual da biblioteca de sua escola e escrevendo para os escritórios de planejamento e zoneamento locais. As agências locais mandaram-lhe uma síntese das estatísticas para sua área-alvo junto com seu Plano Diretor Geral. Ele comparou essas estatísticas com as projeções de crescimento que ele achou em uma revista de marketing. Os dois eram bem consistentes. Toda esta informação custou um total de R$ 49,60.

O passo seguinte dado por Able foi comparecer a um fórum empresarial local onde outras empresas estavam apresentando seus planos para serem analisados. Depois do fórum, Able aproximou-se de um especialista em marketing que constava do quadro. Seguindo seu conselho, Able contatou um consultor de empresa amigo da família. Este concordou em prestar consultoria em meio expediente em troca de 1% das ações da empresa.

Combinando a assistência do consultor com o conhecimento de seu professor de administração, Able produziu um questionário para as pessoas do ramo de construção. Ele conduziu o levantamento via correio para o mercado adjacente à sua área-alvo. O levantamento teve um índice de retorno de 12% e forneceu a Able uma grande quantidade de informações sobre o negócio da construção naquela área do país. Além disso, Able só gastou oito horas para produzir, apresentar e tabular o levantamento. Papel, impressão e correio totalizaram R$ 68,56.

Bem provido de informações, Able estava pronto para viajar para a área-alvo a fim de encontrar um local para residência e um local para a empresa. Passou dez dias na área, na casa de um amigo e tomando emprestado o seu carro, parte do tempo. A viagem toda, incluindo passagens de avião, custou R$ 285,55 e produziu muito mais que informações de mercado.

Quadro 5.4

Able Builders : Comparação do custo de pesquisa de mercado

Estimativa profissional baseada nos objetivos da pesquisa de mercado:

Parte 1:	Cenário sócio-econômico da área-alvo	R$ 250,00
Parte 2:	Levantamento das empresas construtoras e relatório completo sobre a concorrência na área	R$ 600,00
Parte 3:	Formulação de uma estratégia para competição; serviço prestado por hora; valor mínimo R$ 150,00	R$ 150,00
	Importância paga:	R$ 1.000,00

A Able pequisou toda a área, falando com quase todos os corretores imobiliários, incorporadoras e empresas de materiais de construção. Ele também falou com vários bancos sobre solicitação de empréstimos comerciais, visitou as associações locais de construtores, dirigentes das Associações e Comissões de Moradias. Ele até conseguiu sentar-se com o autor do Plano Diretor Geral para ter uma impressão pessoal sobre a área-alvo.

Quando a Able voltou para casa, levou consigo um contrato de aluguel de uma casa, um calhamaço de pesquisas de mercado que confirmavam suas constatações anteriores e vários contatos importantes de negócios. Assim, quando a *Able Builders* abriu sua nova sede, ganhou imediatamente contratos de muitos dos indivíduos que tinham conhecido John em sua visita anterior e ficaram impressionados com o espírito e a organização de sua empresa. Este foi um bônus importante da pesquisa de mercado que nenhum serviço profissional poderia ter oferecido.

A Able realizou a maior parte de sua pesquisa à noite e nos fins de semana, tirando apenas uma semana para viajar pela região. Como resultado, ele achou que os benefícios de sua pesquisa de mercado foram mais efetivos que o custo de seu trabalho e investimento real de dinheiro de R$ 403,71.

Quadro 5.5

***Able Builders*: Custo real em dinheiro do estudo de mercado**

Informação adicional:	
Estatística sumária do censo	R$ 8,00
Plano Diretor Geral e Manual de Zoneamento	R$ 24,00
Mapas	R$ 17,60
	R$ 49,60
Materiais :	
Envelopes (remessa e retorno)	R$ 11,81
Impressão	R$ 12,00
Correio	R$ 44,75
	R$ 68,56
Despesas de viagem:	
Passagens aéreas	R$ 123,00
Aluguel de carro (dois dias)	R$ 26,55
Outras despesas	R$ 136,00
	R$ 285,55
Custo total	R$ 403,71

Able Builders: Objetivos de pesquisa de mercado

1. Obter um quadro detalhado do cenário sócio-econômico da área-alvo.
2. Examinar os diferentes tipos de construção residencial, atualmente populares na área e qual será a futura tendência do trabalho de construção.
3. Chegar a uma compreensão completa da concorrência na área, incluindo o número de empresas concorrentes, preferências de trabalho, custos de materiais e mão-de-obra, táticas bem-sucedidas e razões de fracasso.
4. Descobrir o melhor modo para um pequeno mas crescente empreendimento ganhar uma razoável participação no mercado e reforçar sua posição quando tiver capital limitado para contribuir para tais projetos.

Able Builders: Uso planejado para o estudo completo

1. Completar um plano de empresa que detalhe os próximos cinco anos de atividade. Incluída neste plano estará uma estratégia completa para competir com as empresas mais bem conhecidas e estabelecidas.
2. Formar um conceito melhor do tamanho ideal de uma empresa construtora de residências e estabelecer quais serviços apresentam o melhor resultado.
3. Levar imediatamente à prática os contatos de negócios feitos durante a pesquisa de mercado.

Plano de ação para:
"Pesquisa de mercado de baixo custo"

- ❏ Estabeleça o que você precisa saber sobre seu mercado e priorize sua listagem.
- ❏ Apresente esta listagem a um profissional e solicite uma estimativa.
- ❏ Analise as estimativas menos dispendiosas como: usar apenas serviços profissionais específicos, procurar por informação útil de

fontes adicionais e fazer os levantamentos você mesmo.
- ❑ Estime o custo de realizar a pesquisa você mesmo, depois escolha o plano de pesquisa que funcione para você.
- ❑ Colete dados de fontes adicionais e primárias; consiga auxílio profissional quando necessário.
- ❑ Organize e analise sua pesquisa.
- ❑ Procure obter resultados dos seus dados disponíveis.

6

Criando uma estrutura de propaganda

Uma vez que você descobriu novas fontes de clientes potenciais, seu desafio é, portanto, comunicar-se com eles e convencê-los a, afinal de contas, consumirem seus produtos ou serviços. O que acabamos de dizer é, em poucas palavras, a missão da propaganda.

De onde vem a propaganda eficaz?

Embora a criatividade receba todo o crédito, uma análise funcional do processo de propaganda mostra que atitudes, estrutura e organização são muito mais importantes.

Propaganda bem-sucedida resulta mais de boa gerência do que de gênio criativo. Um gerente de propaganda eficaz não precisa ser capaz de criar boa propaganda. Mas precisa ser capaz de reconhecer sua validade e consegui-la graças aos esforços dos outros.

Pessoas criativas — redatores, artistas, fotógrafos e outros mais — não operam e nem podem atuar em um vácuo. Eles precisam de estrutura e de apoio. A estrutura é-lhes necessária para canalizar e estimular suas energias criativas e habilidades. Esta canalização não apenas focaliza suas habilidades nas direções apropriadas às necessidades de longo e de curto prazos do anunciante, mas também os motiva a exercer um desempenho nos limites de sua habilidade.

Acredite na propaganda, mas saiba que ela é limitada

Propaganda eficaz começa com atitudes apropriadas. A mais importante atitude é o reconhecimento dos limites da propaganda. Esta nunca deve ser vista como uma cura milagrosa, que pode gerar vendas instantâneas e reerguer uma empresa moribunda. Se estiver faltando confiabilidade no produto, nem a propaganda do mundo inteiro o salvará.

Do mesmo modo, a propaganda será inútil se o mercado não quiser o produto.

Seja verdadeiro e franco

Responsabilidade é a segunda atitude mais importante que deve estar presente para que a propaganda tenha êxito. Responsabilidade refere-se à coerência entre uma propaganda e o produto ou serviço que ela apresenta. Quanto mais próxima a propaganda estiver da realidade do produto ou do serviço que está sendo oferecido, mais eficaz ela será.

A propaganda eficaz é caracterizada pela simplicidade ilusória. O produto ou serviço é descrito tão simplesmente quanto possível, a ponto de um comprador potencial poder entender e responder favoravelmente. Termos técnicos são usados somente quando necessários para embasar um argumento. Cada aspecto do anúncio é preparado do ponto de vista do cliente.

Responsabilidade também se refere à disposição da gerência em empregar os recursos necessários para cumprir uma determinada tarefa da propaganda. Muitas empresas não têm dificuldade em fazer investimentos efetivos ou tangíveis em pessoal, estoque, equipamentos ou edifícios. Estas mesmas empresas, no entanto, tendo desenvolvido produtos fortemente competitivos, acham difícil fazer os investimentos intangíveis requeridos para criar a mensagem publicitária apropriada e colocá-la com a freqüência necessária na mídia para alcançar os clientes em potencial.

Substitua a opinião pelo fato

A terceira atitude — e talvez a mais difícil de atingir — é a disposição para aplicar o teste de adequação a todos os aspectos de um programa de propaganda, isto é, ele funciona? Em razão de a propaganda lidar com elementos subjetivos como palavras e imagens visuais, é muito fácil deixar as emoções predominarem. As escolhas acabam sendo feitas na base da opinião — "Eu gosto disso"— em vez do fato — "Vamos testar a eficácia do anúncio no mercado antes de lançá-lo nacionalmente."

A propaganda ganha sua eficácia quando os preconceitos pessoais são eliminados. As decisões devem ser tomadas na base da adequação da criatividade, do orçamento e da mídia com a tarefa a ser realizada. Isto requer testes e uma disposição para agir sobre seus resultados.

Atribua a uma pessoa a responsabilidade pela publicidade

Autoridade claramente definida é a chave para um programa de propaganda eficaz. Qualquer que seja o porte de uma empresa, uma pessoa deve receber clara autoridade e responsabilidade por criar, testar e veicular a propaganda da empresa. Esta pessoa também deve ser responsável por informar todos os grupos interessados — gerentes, chefes de departamento, representantes de campo, etc. — sobre os próximos anúncios.

Nas pequenas empresas, a função do gerente de propaganda pode ser exercida em meio expediente. Nas grandes empresas, o gerente de propaganda chefia uma equipe de profissionais.

A propaganda eficaz não pode ser criada por um comitê. Isto porque todos são "especialistas" em propaganda, todos têm uma opinião. Pessoas que nunca pensariam em dizer a um engenheiro eletricista que circuito integrado utilizar, não têm dificuldade em emitir sua opinião sobre tipologias, cabeçalhos ou cores usadas na propaganda de uma empresa.

A situação de "todos são meus chefes" é fatal para a criatividade. Pessoas criativas têm de receber instruções de uma só pessoa e ter seus esforços avaliados por somente uma pessoa. De outro modo o redator, o fotógrafo, ou o artista ficarão bastante confusos. Na melhor das hipóteses, resultará a peça "do mínimo denominador comum". Na pior, será desperdiçado dinheiro e os prazos serão perdidos porque pessoas diferentes deram instruções diferentes. "Cor? Nós tiramos fotos em branco e preto porque Frank disse que ia ser um anúncio em branco e preto! O que você quer dizer com meia página horizontal? Bill me disse meia página vertical!"

Encare a propaganda como uma função gerencial

Pouco importa o tamanho de uma empresa, a propaganda bem-sucedida é o resultado do desempenho integrado de quatro funções básicas de gerência. Em uma empresa pequena, todas as quatro seriam realizadas por uma pessoa — o gerente de propaganda. Em uma situação inicial, estas podem até ser funções de tempo parcial. Conforme a empresa cresce, uma equipe é contratada para ajudar o gerente de propaganda a realizar essas funções.

O que é importante não é o número de horas ou pessoas dedicadas a realizar as quatro funções que seguem, mas que elas sejam feitas, e que uma delas — o Gerente de Propaganda — seja responsável por sua adequada execução.

1. Identificar os objetivos a longo prazo

Um programa de publicidade bem-sucedido começa por perguntar e responder estas questões:"Onde estamos agora?" e "Aonde queremos chegar?"

Neste ponto, a pesquisa muitas vezes é necessária para obter informações objetivas. "O que os consumidores do produto ou serviço que estamos oferecendo procuram quando tomam a decisão de comprar? O que os consumidores em potencial de nosso produto pensam dele? Como o nosso produto se situa diante da concorrência? O que distingue o nosso produto do deles?

O objetivo é identificar uma posição única para nosso produto ou serviço. Todos os futuros projetos de propaganda devem contribuir para alcançar esta posição.

2. Definir objetivos e prioridades a curto prazo

Em seguida, é importante definir objetivos a curto prazo atingíveis que contribuirão para os objetivos a longo prazo. "O que podemos fazer hoje que nos faça avançar mais? O que podemos fazer na próxima semana? Qual a primeira coisa que devemos fazer? O que devemos fazer em seguida? Quando? "

Muitas vezes terão de ser feitas escolhas e mudanças difíceis, pois nunca há dinheiro suficiente para tudo. "Se anunciarmos maciçamente no rádio, não haverá dinheiro suficiente para os jornais! Seis anúncios coloridos são melhores do que doze anúncios em branco e preto?"

Aqui, novamente, a importância do gerente de propaganda forte se torna óbvia. Geralmente argumentos constrangedores podem surgir em defesa de ambos os lados de uma questão. Um comitê de propaganda pode reunir-se semanalmente por meses e nunca chegar a uma decisão. Um gerente de publicidade forte com autoridade e confiança, entretanto, consideraria toda informação disponível e tomaria a melhor decisão possível — e depois seguiria em frente para a criação dos anúncios. Um gerente de propaganda fraco, ou um comitê, ficaria paralisado pela escolha e nada seria feito.

3. Reunir recursos

Em seguida, o gerente de propaganda (e a equipe, se existir) reunirá os recursos e o pessoal necessários para criar e colocar os anúncios na mídia apropriada.

"Que agências de publicidade têm experiência em nosso campo? Que agências devemos chamar para nos fazerem uma apresentação? Que redatores, artistas e fotógrafos estão disponíveis? A quais gráficas devemos oferecer propostas para nosso trabalho? Quem executa o melhor serviço de composição na cidade?"

Reunir recursos também significa estabelecer uma rede de informações interna. "Quem possui a informação de que precisamos para completar o folheto sobre o nosso novo produto? Quem disporá de tempo para explicar-nos os pontos técnicos em uma linguagem compreensível?"

Gerentes de propaganda fortes têm muitas opções disponíveis e coragem para descobrir modos alternativos de realizar as coisas. Gerentes de propaganda fracos farão as coisas do jeito de sempre. Desnecessário dizer, esta última maneira de tratar as coisas freqüentemente aumenta os custos (devido à acomodação dos fornecedores) e inibe a criatividade.

4. Programar os produtos

A tarefa mais importante do gerente de propaganda é preparar um plano por escrito. Este plano deve começar com uma descrição dos objetivos a longo prazo do programa de propaganda e detalhar as seguintes informações sobre cada anúncio:

- Onde vai ser veiculado.
- Quando (ou seja, a "data da veiculação").

- De que tamanho vai ser.
- Quanto vai custar para preparar o anúncio.
- Quanto vai custar para veicular o anúncio.

Prazos e responsabilidades para cada etapa do processo criativo têm de ser definidos em detalhe. "A fim de cumprir o prazo, a gráfica deve tê-lo em mãos em 3 de junho. Para que a gráfica o tenha em 3 de junho, as fotografias devem ser tiradas em 15 de maio. Para tirar as fotografias em 15 de maio, o setor Pesquisa e Desenvolvimento deve remeter as amostras do protótipo em 1º de maio."

O plano de propaganda é um "documento vivo"; ele pode ser modificado à medida que mudem as circunstâncias. Propaganda que não der resultado pode ser eliminada. Ou o orçamento total pode ser alterado para adequar-se ao aumento ou à queda de vendas ou às mudanças nas despesas com propaganda de um concorrente.

Mas, independente do tamanho do orçamento para propaganda, o plano tem de ser reduzido a um único documento escrito, que mostre em um relance o que vai acontecer, quando vai acontecer e quem é o responsável.

Delegar a criatividade

Raramente uma pessoa consegue fazer tudo. É raro encontrar alguém hábil para trabalhar tanto com palavras como quanto com imagens. É teoricamente impossível achar um Gerente de Propaganda que possa fazer uma redação eficaz, preparar um *layout* chamativo, especificar tipologias e ainda fazer a arte final.

É ainda menos provável que você ache um Gerente de Propaganda com as habilidades fotográficas ou de ilustração necessárias para criar os anúncios da empresa.

E, mesmo se tal mestre de todas as artes existisse, quando uma empresa cresce, as funções de pesquisa e planejamento rapidamente crescem a um ponto em que há cada vez menos tempo para o gerente de publicidade escrever uma redação ou preparar uma arte final.

Assim, o poder de delegar com eficácia a criatividade é exigido até dos gerentes de propaganda em meio período com orçamentos pequenos.

Avalie os resultados

Ninguém pode prever a eficácia de um anúncio antes de ele ser veiculado. Mas muitas vezes podemos testar os anúncios antes de fazer grandes investimentos em mídia. E depois que os anúncios são publicados, sua eficácia pode ser avaliada — assim os ganhadores podem ser repetidos e os perdedores eliminados.

Quadro 6.1

A ordem de serviço em propaganda

O segredo para delegar com sucesso a criatividade é preparar ordens de serviço escritas para cada projeto (por menor que seja). Estas ordens de serviço devem ser preparadas em grande número para que todos os interessados possam receber uma cópia. A ordem de serviço deve identificar os objetivos do projeto, orçamentos e prazos tão detalhadamente quanto possível.

"Precisamos de um anúncio para a próxima quinta-feira" não é um modo correto de delegar criatividade. Muito melhor é a ordem de serviço especificando:

• Finalidade do anúncio	"Queremos que as pessoas que atualmente compram o cortador de papel da nossa concorrência passem a comprar o nosso"
• Abordagem preferida	"Mostrar como usamos lâminas de aço carbono em vez das lâminas de plástico usadas por todos os outros"
• Tamanho do anúncio	"2 colunas de 15 cm."
• Orçamento de criação	"Manter abaixo de R$ 500,00, incluindo composição"
• Prazo de entrega	"Preciso de um layout em minhas mãos na segunda-feira, 18 de julho, e arte final pronta na sexta-feira, 1º de agosto."

Muitos jornais, por exemplo, oferecem testes de "anúncio dividido". Esses testes envolvem a criação de duas versões de um anúncio, que aparecem em números alternados de um jornal. Os anúncios são idênticos, exceto no cabeçalho, na ilustração, ou no preço cuja eficiência está sendo testada. Um cupom codificado ou outro sistema de resposta do leitor, é incluído. Comparando o número de cupons da versão A devolvidos com o número de cupons da versão B devolvidos, é possível identificar o cabeçalho, a ilustração, ou preço com o apelo mais forte.

A maneira mais simples de medir a eficácia de sua propaganda é simplesmente anotar, no plano de propaganda, as vendas ou pedidos de informação que resultaram de cada anúncio. Depois de um certo tempo, surgirá um padrão definitivo que poderá ser usado para guiar as decisões futuras.

Plano de ação para:
"Estabelecendo uma estrutura de publicidade"

- ❏ Aprenda o que a publicidade pode ou não fazer.
- ❏ Seja responsável quanto à sua propaganda: descreva os benefícios, de seus produtos ou serviços de maneira simples, em termos que o comprador possa entender; planeje recursos suficientes para alcançar seus objetivos quanto à propaganda.
- ❏ Delegue as responsabilidades pela sua propaganda para uma só pessoa: seu gerente de propaganda.
- ❏ A tarefa do seu gerente de propaganda é estabelecer os objetivos a longo prazo, definir as prioridades a curto prazo, reunir recursos, programar projetos e delegar a criatividade de forma eficaz.
- ❏ Teste os seus anúncios e avalie os resultados de modo que os anúncios ganhadores possam ser repetidos e os perdedores eliminados.

7

A veiculação certa da propaganda

Propaganda bem-sucedida exige que a mensagem certa da propaganda seja veiculada na mídia correta.

A criatividade estará perdida se seu anúncio não for lido, visto ou ouvido pelos clientes em potencial de seu produto ou serviço. O objetivo do planejamento bem-sucedido de mídia é destinar seu dinheiro de propaganda para onde estão concentrados os que têm mais probabilidade de comprar seu produto ou serviço.

Isto requer uma percepção dos pontos fortes e fracos de cada alternativa aberta para você e uma disposição para testar e experimentar.

Uma agência de propaganda completa fornece conhecimento especializado em planejamento, compra e avaliação de opções de mídia. Mas muitas empresas menores não podem arcar com este tipo de serviço. Quer você possa contratar uma agência ou não, é preciso ter um conhecimento operacional das opções básicas de mídia à sua disposição e uma compreensão das técnicas fundamentais envolvidas na tomada de decisões sobre mídia.

Compreenda suas opções de mídia

As opções de mídia podem ser divididas em impressa, radiodifusão e mala direta.

Impressa

A impressa refere-se à propaganda em jornais ou revistas. A propaganda impressa é tangível — fato que constitui sua vantagem principal. Você pode transmitir muitas informações detalhadas. Os leitores podem consultar seu anúncio e ler novamente o que perderam da primeira vez. Seu anúncio pode ser recortado e arquivado para consulta futura. Podem ser adicionados cupons.

A propaganda impressa oferece informação de circulação bastante precisa. A Agência de Auditoria de Circulação[1] monitora a quantidade de cópias impressas e remetidas. Esta circulação "garantida" assegura que seu anúncio terá pelo menos uma chance válida de alcançar os clientes em potencial pelos quais você está pagando. Se seu anúncio é lido ou não depende de você — e de quanto seu pessoal de criação é bom nos seus trabalhos.

Jornais

A propaganda em jornal vai dos semanários do bairro aos jornais de grande circulação regional ou mesmo nacional. Os maiores jornais dominicais dos EUA como o *Boston Globe* ou o *New York Times*, têm um impacto muito além das fronteiras de sua cidade sede. O *Wall Street Journal*[2], também, parece mais uma revista diária do que um jornal, em seu impacto de âmbito nacional.

O jornal é um veículo para o comprador. Seu anúncio é uma das razões primeiras para a compra do jornal. Estudos mostraram que os leitores preferem jornais com anúncios aos que não têm anúncios.

Revistas[3]

A revista pode ser genérica (*Times, Newsweek*), de interesse especial (*Stereo Review, Car & Driver, Wooden Boat*), regional (*Boston, Houston Home and Garden*) ou setoriais (*Computer Retailing, Modern Materials Packaging*). Encartes regionais em revistas nacionais dão mais flexibilidade. Permitem aos anunciantes locais anunciar somente naqueles números do *Times* e do *Sports Illustrated* remetidos aos assinantes de sua área.

As revistas permitem a você mirar em seu mercado e realizar um melhor trabalho de comunicação do que mediante jornais. Os leitores de

---
1 . - Audit Bureau of Circulation - equivalente no Brasil ao IVC - Instituto Verificador de Circulação ou similar (N. do editor).
2 . - No Brasil, "Gazeta Mercantil", "Diário do Comércio e Indústria", "Folha de S. Paulo", "OESP" e outros". (N. do T.).
3 . - No Brasil, "Veja", "Isto É", "Exame" (N. do editor).

revistas geralmente são assinantes, assim é mais provável que prestem atenção aos anúncios. Além disso, como as revistas são impressas em papel de melhor qualidade que os jornais, as ilustrações produzem melhor efeito.

Radiodifusão

Radiodifusão refere-se à propaganda em rádio e televisão. Estes meios oferecem a você a possibilidade de comunicar-se rapidamente com grande número de clientes em potencial de seu produto ou serviço.

Rádio

A propaganda no rádio oferece a você uma oportunidade de concentrar seu dinheiro naqueles mercados que têm mais probabilidade de comprar de você. Cada emissora de rádio está estruturada de maneira a dirigir o apelo a um segmento de mercado distinto. A música que é tocada, o estilo dos locutores, o modo de tratar a notícia e o ritmo geral da estação, tudo isso indica o tipo de ouvinte que a sintoniza.

Como resultado, os ouvintes de cada emissora representam uma combinação única de grau de instrução, poder aquisitivo e aspirações de estilo de vida.

O rádio é um veículo universal. A maioria dos lares têm mais de um rádio. Mais de 95% dos carros o têm. As pessoas acordam ouvindo rádio, dirigem com rádio, trabalham com rádio e vão dormir ouvindo rádio.

Televisão

A televisão oferece a possibilidade de adicionar movimento à sua mensagem. Você pode atingir os espectadores de três maneiras ao mesmo tempo com sua mensagem publicitária. Você pode falar com eles, demonstrar seu produto ou serviço e pode sobrepor palavras importantes (como preços ou seu nome) sobre a imagem.

A televisão oferece a você a oportunidade de comunicar-se com muitas pessoas ao mesmo tempo. Ela é o principal entretenimento caseiro para a maioria das pessoas. O americano médio gasta mais tempo assistindo à televisão que lendo. A televisão é o modo pelo qual a maioria das pessoas fica em contato com os acontecimentos mundiais. E é uma grande formadora de credibilidade para a maioria dos anunciantes. Clientes em potencial e clientes efetivos pensam de modo diferente sobre sua empresa quando vêem seu anúncio na televisão.

Quadro 7.1

Vantagens e desvantagens da mídia

Meio de veiculação	Vantagens	Desvantagens
Jornais	• Seu anúncio tem tamanho e forma e ainda pode ser tão grande quanto necessário para transmitir uma mensagem do tamanho que você quiser. • A transmissão de sua mensagem pode ser limitada à sua área geográfica. • Há meios disponíveis para testar seu material e sua oferta. • Normalmente está disponível uma ajuda gratuita para criar e produzir seu anúncio. • Fechamentos rápidos. O anúncio que você decide publicar hoje, pode estar nas mãos de seu cliente daqui a dois dias.	• Amontoado — seu anúncio tem de competir com grandes anúncios publicados por supermercados e lojas de departamentos. • Má reprodução fotográfica limita a criatividade. • Uma veiculação que se baseia no preço — a maioria dos anúncios é de vendas. • Vida curta. No dia seguinte à publicação, o jornal está obsoleto. • Circulação perdida. Você está pagando para mandar sua mensagem a muita gente que provavelmente nunca estará no mercado para comprar de você. • Uma veiculação altamente visual. Sua concorrência pode rapidamente reagir aos seus preços.
Revistas	• Alto envolvimento do leitor significa que será prestada maior atenção ao seu anúncio. • Menor perda de circulação. Você pode publicar seus anúncios em revistas lidas principalmente por compradores de seu produto ou serviço. • Papel de melhor qualidade permite melhor reprodução de fotos e anúncios coloridos. • A página menor (geralmente 21X28 cm) permite que até os menores anúncios se destaquem.	• Prazos longos (geralmente 90 dias) significam que você precisa planejar com grande antecedência. • Custos de espaço e de criação maiores.

Meio de veiculação	Vantagens	Desvantagens
Rádio	• Um veículo universal — apreciado em casa, no trabalho e no carro. A maioria das pessoas escuta rádio várias vezes durante o dia. • Permite a você destinar dinheiro de propaganda para o mercado com maior chance de responder à sua oferta. • Permite-lhe criar uma personalidade para sua empresa usando apenas som e vozes. • Auxílio grátis de criação está normalmente disponível. • Geralmente os preços podem ser negociados. • É o veículo menos inflacionado. Nos últimos dez anos, os preços de rádio subiram menos que os dos outros veículos[2].	• Como os ouvintes de rádio estão espalhados por muitas emissoras, para atingir totalmente seu mercado você tem de anunciar simultaneamente em muitas estações. • Os ouvintes não podem consultar novamente seu comercial para reavaliar pontos importantes. • Os comerciais são uma interrupção do entretenimento. Por causa disso, os comerciais de rádio devem ser repetidos para vencerem o "fator de desligamento" do ouvinte. • O rádio é um veículo de fundo. A maioria dos ouvintes está fazendo alguma outra coisa enquanto escuta, o que significa que seu comercial tem de trabalhar duro para ser escutado e compreendido. • Os custos de propaganda são baseados em audiências que são aproximações com estimativas em diários mantidos em uma fração relativamente pequena dos lares da região.
Televisão	• Permite alcançar grande número de pessoas em nível nacional ou regional. • Estações independentes e a cabo oferece m novas oportunidades de situar com precisão audiências locais. • Um veículo que melhora a imagem de uma empresa.	• Os anúncios nas afiliadas da rede são concentrados nas transmissões de notícias locais e nos intervalos. • Os custos de criação e de produção podem subir rapidamente. • Os itens preferidos[3] são geralmente esgotados com bastante antecedência. • A maioria dos comerciais tem 10 ou 30 segundos de duração, o que limita a quantidade de informação que pode ser comunicada.

2.- Dados do mercado americano (N. do T.).
3.- Horários preferidos de veiculação, horários nobres (N. do T.).

Meio de veiculação	Vantagens	Desvantagens
Mala Direta	• Sua mensagem publicitária é dirigida para aqueles com maior probabilidade de comprar seu produto ou serviço. • Sua mensagem pode ser tão longa quanto necessário para contar sua história completamente. • Você tem controle total sobre todos os elementos da criação e produção. • Um veículo "silencioso". Sua mensagem fica escondida de sua concorrência até que seja tarde demais para vir a reação.	• Longos prazos necessários para impressão criativa e remessa. • Requer coordenação dos serviços de muitas pessoas: artistas, fotógrafos, gráficos, etc. • Cada ano, cerca de 20% da população se muda, significando que você terá muito trabalho para manter sua lista de endereçamento em dia. • Do mesmo modo, uma certa percentagem de nomes de uma lista comprada pode não ser mais útil.

Mala direta

A mala direta oferece a você uma oportunidade de destinar seu dinheiro gasto em propaganda àqueles que têm mais probabilidade de comprar de você. Os destinatários prováveis da mala direta podem ser "quentes" ou "frios."

"Prospecção quente" refere-se ao envio de sua mensagem a clientes conhecidos ou a clientes em potencial a quem você procurou vender, mas não conseguiu da primeira vez. "Prospecção fria" refere-se à listagem de nomes e endereços de pessoas ou firmas com as quais você nunca negociou, mas que podem estar interessadas no seu produto ou serviço.

A mala direta pode ser usada para vender produtos específicos pelo correio ou como geradora de perspectivas de vendas para posterior acompanhamento pela sua equipe de vendas.

Como no caso de jornais ou revistas, a propaganda por mala direta é tangível. Sua mensagem segue em branco e preto (ou em cores) no papel. Isto significa que muita informação e detalhes podem ser transmitidos. Os leitores podem consultar sua mensagem para reavaliar pontos importantes. Sua mensagem pode ser tão longa quanto necessário para transmitir os detalhes de seu produto ou serviço. (Isto se contrapõe a anúncios por radiodifusão geralmente restritos a dez, quinze ou trinta segundos).

Decida-se por uma estratégia

Uma das primeiras decisões que você tem de tomar ao escolher seu veículo de comunicação é decidir se você quer usar uma estratégia de "empurrar" ou de "puxar".

Uma estratégia de empurrar concentra sua propaganda sobre os intermediários entre você e seus clientes. Nas estratégias de empurrar, por exemplo, bastante atenção é freqüentemente dirigida para convencer varejistas e distribuidores a estocar e promover o produto para clientes e usuários finais. Neste caso, as revistas comerciais podem ser usadas prolongadamente.

Uma estratégia de puxar enfatiza os usuários finais. Você cria uma demanda pelo seu produto ou serviço que os intermediários devem satisfazer, quer eles queiram ou não.

É desnecessário dizer que quanto mais você conhecer a dinâmica da sua empresa e dos seus mercados, melhor trabalho fará ao escolher a estratégia apropriada. Independentemente daquilo que você escolher, sua estratégia deve ser compatível com o resto de seus esforços de marketing e com seus objetivos empresariais a longo prazo.

Na maioria dos casos, analisando os consumidores de seu produto ou serviço, os tipos de veiculação que você deve considerar tornam-se imediatamente evidentes. Por exemplo, se você é um fabricante de móveis e acessórios para bancos, propaganda em jornal e rádio não será tão eficaz quanto dirigir sua propaganda para os agentes de compras do setor bancário. Em vez disso, a propaganda em revistas do ramo como *Bank Marketing* ou *ABA Banking Journal* seria um dinheiro melhor empregado em propaganda. Ou você pode decidir por uma campanha de mala direta para o grupo apropriado do setor bancário.

A dificuldade, naturalmente, não é tanto decidir em quais tipos de mídia você deve anunciar (por exemplo, se em rádio ou em revistas especializadas) quanto fazer escolhas específicas entre os mesmos tipos de mídia. Depois que você chegou à decisão de que as revistas especializadas fazem mais sentido, como escolher entre *Automotive Week* e *Automotive News?*[4] Na própria cidade, como decidir entre a Rádio A ou a Rádio B?

É aí que entra a importância das pesquisas e testes com os clientes.

Deixe que seus clientes colaborem para suas decisões

Há muita insegurança envolvida na maioria das decisões sobre mídia. Freqüentemente, decisões quanto à mídia envolvendo grandes somas de dinheiro são baseadas nas promessas de representantes comissionados por parte da mídia. Uma vez que a receita desses representantes é proporcional à quantidade de propaganda que eles vendem, eles geralmente não são as pessoas mais indicadas para se ouvir ao tomar a decisão. Se você trabalha com uma agência, esta se encarregará desse tipo de coisa, naturalmente.

Se for você ou sua agência quem toma a decisão, ouça seus clientes. Quem sabe mais sobre as preferências de mídia de seus clientes do que eles próprios?

Bom planejamento de mídia começa com um levantamento organizado remetido para amostras aleatórias de seus clientes atuais. "Orga-

---

4 . - No Brasil, equivalem a "Quatro Rodas", "Mecânica Popular", entre outras (N. do editor).

> **Quadro 7.2**
>
> ### Questionário de dez segundos sobre mídia
>
> Relacione os jornais que você lê regularmente:
>
> | | Diariamente | Aos domingos |
> |---|---|---|
> | Primeira escolha | _____ | _____ |
> | Segunda escolha | _____ | _____ |
> | Terceira escolha | _____ | _____ |
>
> **Relacione as emissoras de rádio que você escuta regularmente**
>
> Primeira escolha _____
> Segunda escolha _____
> Terceira escolha _____
> Quarta escolha _____
> Quinta escolha _____
>
> Recentemente você viu ou ouviu nossa propaganda? _____
> Onde? _____
>
> Muito obrigado por sua colaboração!
>
> **Aqui, seu logotipo**

nizado" é a palavra-chave. Fazer perguntas durante um coquetel ou uma convenção não é suficiente. Você quer que sua pesquisa seja tratada seriamente por seus clientes e você quer a informação reunida de modo que lhe permita uma análise cuidadosa.

Seu levantamento sobre preferência de mídia pode ser remetido para seus clientes atuais no papel de carta da sua firma, com uma breve carta de apresentação ou você pode fazer com que uma firma independente prepare e remeta o questionário em nome dela. Em qualquer caso, deve ser anexado um cartão-resposta comercial com postagem já paga, para aumentar a resposta ao questionário.

Veja o Quadro 7.2, um questionário de dez segundos sobre mídia, que você pode usar para o seu próprio levantamento quanto a meios de veiculação.

Sua pesquisa quanto à Preferência de Mídia servirá para dois propósitos. Um é averiguar o sucesso de sua publicidade atual. O outro é identificar lugares onde você deveria estar anunciando.

Perguntas como: "Onde você viu ou ouviu nossa propaganda?" mostrarão a você onde sua propaganda atual está obtendo sucesso. Perguntas como: "Quais das seguintes revistas você lê regularmente" ou "Durante quantas horas aproximadamente você assiste (ou escuta) às seguintes emissoras?", orientarão quanto à opção por novos meios de veiculação.

> Quadro 7.3
> **Testar: O segredo para melhores decisões sobre mídia**
>
> Uma das melhores maneiras de testar a eficácia de suas várias alternativas de mídia, sem gastar muito dinheiro, é publicar uma série de pequenos anúncios de chamada, contendo ofertas embutidas.
>
> No corpo do texto de um anúncio, por exemplo, você poderia convidar os leitores a escrever para o Departamento A-101 para receber uma amostra grátis de seu produto ou um folheto descrevendo como os leitores podem economizar dinheiro ao comprar o tipo de produto ou serviço que você vende. Em outro anúncio, em veículo diferente, você poderia convidar os leitores a escreverem para o Departamento B-202 pela mesma oferta. Um número diferente pode ser dado a cada veículo em que seu anúncio é publicado.
>
> Somando as respostas a estas ofertas embutidas, você pode facilmente medir a eficácia de cada veículo.

Avalie os resultados

Ao estabelecer a estrutura de suas compras de mídia, é importante definir uma estrutura para avaliação permanente dos resultados de sua publicidade.

Teoricamente, o mesmo anúncio deve ser publicado em vários veículos diferentes, com registros cuidadosos dos resultados a cada publicação. Cupons, pedidos de informação adicional ou algum outro indicador de resposta podem ser utilizados para medir a eficácia de cada anúncio. Se são utilizados anúncios idênticos em cada meio de veiculação, qualquer diferença nas respostas pode ser diretamente relacionada com aquele meio de veiculação.

É importante, claro, que exatamente os mesmos anúncios sejam usados em cada veículo, se desejar alcançar resultados precisos. Se você mudar o cabeçalho, fotografia ou preço em cada anúncio, as diferenças de resposta podem ser relacionadas com estas variáveis em vez do veículo em teste.

Plano de ação para:
"A veiculação certa da propaganda"

❏ Adquira uma compreensão dos pontos fortes e fracos da mídia impressa, radiodifusão e mala direta.
❏ Escolha sua estratégia e estabeleça um orçamento.
❏ Comece seu planejamento quanto aos veículos com um levantamento organizado, remetido para amostras aleatórias de seus clientes atuais.
❏ Mantenha cuidadosos registros e avalie o desempenho de cada anúncio publicado.

8

Propaganda por mala direta

Um bom programa de mala direta pode significar uma enorme vantagem para qualquer empresa em crescimento. A mala direta permite que as mensagens publicitárias sejam comunicadas aos clientes potenciais em uma base de custo muito vantajoso.

Em vez de diluir as verbas de propaganda com pessoas que não têm interesse em seu produto ou serviço (o que acontece quando você anuncia em rádio ou jornal), a mala direta permite que se direcione a verba de propaganda para atingir aqueles que têm mais probabilidade de comprar de você.

Escolha uma apresentação adequada

Há muitas apresentações de mala direta que você pode utilizar. A apresentação correta será determinada por três fatores:

- a complexidade da mensagem que você está transmitindo;
- a resposta que você espera obter do leitor; e
- seus recursos orçamentários disponíveis.

Quanto mais simples forem seus objetivos, mais simples será sua mala direta. Esta é uma das boas coisas da mala direta — você pode adaptá-la às suas necessidades.

Organize os nomes

É útil visualizar os destinatários de sua mensagem de mala direta como clientes potenciais "quentes" ou "frios."

> **Quadro 8.1**
> ### Como a mala direta pode ajudar
>
> **Reforço do cliente**
> Pessoas que já foram clientes podem ser convertidas em clientes futuros lembrando-as constantemente de que você existe, agradecendo-lhes pela preferência e dando-lhes mais razões para comprar de você. Uma carta de agradecimento simples, sincera a esses que já foram clientes e que compraram recentemente, pode despertar neles um grande interesse.
>
> **Criar referências**
> Visto que a maioria daqueles que compram bens ou serviços pela primeira vez pede a opinião de amigos, qualquer coisa que você fizer para renovar o interesse de clientes já habituais vai despertar a propaganda de boca em boca.
>
> **Promoções**
> A mala direta pode motivar os clientes a comprar o que você quer vender e quando você quer vender. Mesmo empresas de serviços podem beneficiar-se de promoções que aumentam a demanda dos clientes.
>
> **Introdução de novos produtos**
> Os clientes estão sempre interessados no que é novo. As pessoas quase sempre lêem boletins informativos que descrevem novos produtos ou serviços ou novas aplicações de produtos ou serviços existentes. O resultado vem em vendas diretas e grande interesse.
>
> **Geração de perspectivas de vendas**
> Se seu negócio inclui visitas a clientes e clientes em potencial, a mala direta pode aumentar a eficiência destes esforços produzindo perspectivas de vendas consideráveis. Isto lhe poupará o trabalho e a despesa de visitar as pessoas erradas.
>
> **Levantamentos sobre clientes**
> Levantamentos sobre clientes habituais podem prove-lo com informações boas e sólidas sobre sua empresa, sua concorrência e o mercado. Isto se traduz por propaganda mais eficaz. O próprio ato de efetuar um levantamento também reforça o profissionalismo de sua empresa.
>
> **Vendas diretas**
> Muitos produtos podem ser vendidos diretamente através do correio, eliminando a necessidade de vendedores e espaço para varejo ou possibilitando a clientes que não podem vir até sua loja comprar de suas próprias casas. Algumas pessoas fizeram fortunas desta maneira, e muitas empresas se tornaram mais lucrativas com a venda por mala direta.

Catalogar os nomes também envolve uma decisão sobre quem deve zelar pela sua lista de endereços. Há vantagens e desvantagens em fazê-lo você mesmo, mas isto também é verdadeiro para "lojas de correspondência"[1], ou "casas de implementação"[2] como são chamadas algumas vezes.

O Quadro 8.4 mostra algumas das maneiras de manter sua lista e o que você deve considerar ao tomar sua decisão. Geralmente, manter a lista na empresa é menos dispendioso, mas mais difícil e demorado. "Lojas de correspondência" tendem a ser mais dispendiosas, porém mais convenientes.

1- *Lettershop* = estabelecimento que fornece um serviço de duplicação, endereçamento ou postagem de cartas em quantidade (N. do T.).
2 - *Fulfillment houses* (N. do T.).

Avalie o custo de sua mala direta

Qualquer que seja o tamanho de sua mala direta, ela terá dois tipos de despesa: custos "de criação" e custos de "veiculação".

Os custos de criação são aqueles que envolvem a preparação de sua mensagem, incluindo:
- o tempo empregado em planejar a mala;
- o tempo empregado escrevendo o texto;
- custos de arte — *layout*, arte final, produção gráfica, montagem;
- custos de fotografia e ilustração.

Os custos de "veiculação" são aqueles que envolvem a entrega de sua mensagem. Eles incluem;
- custos de impressão;
- custos da mala direta — aluguel e manutenção da lista, endereçamento, ordenação por código postal, empacotamento, etc.;
- postagem.

Qualquer coisa que você fizer na empresa poupar-lhe-á dinheiro, mas você deve comparar a possível economia com a eficiência de um bom serviço externo.

Tenha em mente que há diferentes modos de se realizar a mesma coisa. Por exemplo, você pode querer calcular o custo de um programa de mala direta usando suas próprias facilidades de manutenção da lista (p. ex., envelopes endereçados à mão) na folha de registros e compará-lo com o custo de ter os envelopes endereçados por uma "loja de correspondência". A folha de registros permite uma comparação fácil.

O retorno do projeto: a mala compensa?

Uma fórmula relativamente simples ajudá-lo-á achar o ponto de equilíbrio de uma mala direta, quer você preste serviço de contabilidade procurando novos clientes, quer você tenha uma loja de ferragens planejando uma venda para clientes preferenciais ou uma pequena editora com um novo livro para oferecer. Aqui está a fórmula:

Custo total da mala direta + lucro médio por venda = vendas que devem ser feitas para cobrir o custo da mala.

Esta fórmula é "verdadeira" porque leva em conta o custo que se tem ao fornecer bens ou serviços.

Exemplo: considere a venda para clientes preferenciais da loja de ferragens.

Custo da mala (na folha de registros):........................R$ 325,00
Margem média por venda:
(baseado na experiência de uma venda média de R$ 50,00
com 18% de margem...R$ 9,00
Número de clientes necessários nesta venda.................... 37

> **Quadro 8.2**
> **Clientes potenciais "quentes" e "frios": Alguns exemplos**
>
> **Serviços de contabilidade**
> "Quentes" incluem pessoas que já foram clientes que consultaram os serviços, mas decidiram fazer eles mesmos o trabalho ou usar outra firma.
> "Frios" incluem pequenas empresas da área e, na hora de pagar impostos, todo mundo.
>
> **Loja de ferragens**
> "Quentes" incluem os que já foram clientes, bem como as pessoas que visitaram a loja no "Dia da Árvore" e apresentaram o desenho para ganhar uma tesoura de podar, grátis.
> "Frios" incluem todos os proprietários de casa da área.
>
> **Agência de propaganda**
> "Quentes" incluem as pessoas que compraram materiais de publicidade anteriormente e pessoas que ligaram ou escreveram para obter informações.
> "Frios" incluem quaisquer varejistas com um orçamento de anúncios.

Em outras palavras, é necessário um retorno de 4% para justificar o custo da mala[3]. Assim, se 4 em cada 100 pessoas respondem, a mala direta da loja de ferragens para clientes preferenciais pelo menos pagar-se-á. A questão então é esta: É racional esperar que 4 (ou mais) em cada 100 pessoas comprem?

Institua a mala direta

Livros e livros já foram escritos sobre a produção de mala direta. A quantidade de informações disponível é desconcertante.

É suficiente dizer que a literatura disponível sobre esta área chega a tal ponto de detalhamento que você pode realmente apontar estatísticas que mostram que malas diretas com os selos aplicados em um ângulo produzem melhores resultados que aquelas com os selos aplicados na forma correta sobre o envelope!

Para a maioria das pequenas ou médias empresas, entretanto, algumas regras simples aumentarão muito a eficácia, mesmo quanto à mais simples mala direta. Aqui estão algumas coisas a considerar.

Egoísmo: "O que eu ganho com isto?" é a atitude que as pessoas terão quando receberem sua mala direta. A não ser que você lhes diga,

---

3 — Para que 37 respostas correspondam a 4% de retorno, seria necessário que 37 / 0,04 = 925 ou aproximadamente 1.000 cartas fossem enviadas. Não está explícito na exposição do autor, mas esta é a suposição que fundamenta os 4% de retorno citados (N. do T.).

em termos claros, exatamente o que elas têm a ganhar, elas não vão responder à sua mala. É provável que elas nem mesmo terminem a leitura.

Uma liquidação em uma loja de ferragens não é realmente importante para as pessoas. Mas "donos(as) de casa interessados(as) em terminar suas reformas," ou "mecânicos de fim de semana procurando poupar dinheiro em ferramentas de qualidade" podem estar interessados.

Clareza: Sua mensagem de mala direta deve ser tão breve e objetiva quanto puder.

Quadro 8.3

Formas de mala direta

Cartões-postais
Escolha cartões-postais quando quiser transmitir uma idéia simples pelo menor custo possível. Eles são de preparação rápida e fácil e podem ser colocados diretamente na caixa de correio.
Eles são ideais para varejistas anunciarem eventos promocionais especiais — uma loja de ferragens anunciando uma Venda Especial para Clientes Preferenciais, por exemplo.

Cartas personalizadas
Quando uma mensagem mais sofisticada deve ser transmitida para um pequeno grupo (freqüentemente conhecido pelo remetente), uma carta personalizada pode ser a escolha perfeita.
Com os avanços atuais nos equipamentos de processamento de texto, mais a competitividade das "lojas de correspondência" e "firmas especializadas em mala direta", as cartas personalizadas podem valer o custo empregado.

Materiais impressos
Materiais impressos são folhetos remetidos sem envelope. Uma variedade de tamanhos pode ser fornecida, incluindo catálogos com centenas de páginas. Boletins anunciando novos produtos ou serviços são os usos mais apropriados para materiais impressos. Uma folha simples de papel de 28cm por 43cm com uma só dobra resulta em quatro páginas de 21cm por 28cm: o bastante para dar detalhes suficientes sobre qualquer produto.
Uma vez que você só precisa adicionar etiquetas com endereço, materiais impressos são uma boa escolha para grandes malas diretas. Seria a forma ideal, por exemplo, para promover um seminário sobre planejamento tributário para donos de empresas.

Pacotes postais
As três formas apresentadas são apropriadas para remessa a clientes ou clientes em potencial em uma área ou região específica, uma vez que são destinadas a trazer gente para o local de sua empresa.
Você precisa de uma técnica diferente para venda de resposta direta, isto é, venda de um produto para pessoas que você jamais conhecerá. Na venda de resposta direta, você vai procurar fazer com que as pessoas lhe mandem um cheque ou pagamento por cartão de crédito pelo correio. Neste caso, pacotes de mala direta em quatro partes estão razoavelmente padronizados. Eles geralmente incluem:
• um envelope grande contendo todos os elementos da mala direta;
• uma carta de apresentação impressa que procurar personalizar a mala direta e levar o leitor ao folheto;
• um folheto descrevendo o produto;
• um veículo de resposta (geralmente um envelope ou um cartão-resposta comercial com postagem paga).
Um pacote assim tão completo raramente é usado pelos empresários locais. É exagero para o comerciante local.

Quadro 8.4

Mantendo sua lista de endereços

Formato	Capacidade	Vantagens	Desvantagens
Fichas de arquivo	Até 500	Baixo custo. Fácil reprodução. Fácil adição e remoção.	As entradas devem ser datilografadas no envelope ou etiqueta de endereço sempre que se envia a mala direta. Melhor para correspondência registrada.
Etiquetas feitas em copiadora de escritório	Até 1.000	Baixo custo. Fácil adicionar nomes.	Difícil verificar reproduções. Difícil remover nomes. As remessas devem ser classificadas separadamente por ordem de código postal.
Microcomputador	Depende da capacidade de seu equipamento.	Baixo custo de adição de nomes; fácil de verificar reproduções; o computador executa outras funções; prepara as remessas por ordem de código postal; as entradas em cada código postal podem ser contadas para mostrar de onde vêm os clientes.	Atualizar os nomes dos clientes pode perturbar as rotinas do escritório; equipamento caro; requer planejamento para manter-se organizado; etiquetas de endereço ainda precisam ser aplicadas manualmente; demorado para cancelar as devoluções depois das remessas; empregados descontentes podem sair carregando cópias da lista de clientes.
"Lojas de correspondência" e listas de endereços	Ilimitada	Trabalho realizado sem interromper as rotinas do escritório; as correspondências vão direto para o correio. As listas ficam livres de roubo ou dano.	Alto custo. Muitas lojas de correspondência só estão interessadas em grandes listas. Menor controle sobre o projeto. Os pequenos clientes às vezes são passados para trás de grandes clientes, etc.

Os benefícios devem ser declarados no menor número de palavras possível. As palavras devem ser impressas em corpo grande de forma a serem lidas facilmente e deve haver espaço em branco o suficiente para que seu significado possa ser captado batendo os olhos no anúncio. O leitor ocupado, tendo em mãos a mala direta que você mandou, imediatamente deve poder concluir "o que eu ganho com isto?"

Simplicidade: Deve ser fácil para seu leitor responder. Deve estar claro como fazer uma reserva para o seminário de planejamento tributário da firma de contabilidade, por exemplo.

> Quadro 8.5
> **Melhorando a mala direta**
> Há três maneiras de tornar mais vantajoso seu programa de mala direta:
> 1. Aumentar os lucros por venda. Isto pode ser realizado elevando o preço de venda do produto ou baixando seus custos de produção.
> 2. Reduzir o custo da mala direta. Isto pode ser feito utilizando impressão a uma cor em vez de bicolor, por exemplo. Talvez, você queira usar um papel mais leve para seu folheto ou postar simples em vez de registrado.
> 3. Aumentar a eficiência da mala direta. Se você pode conseguir resposta positiva de uma grande percentagem das pessoas que recebem sua mala direta, seus lucros aumentarão. Maior atenção quanto aos aspectos de criação e de aplicação será recompensado.
>
> O que dissemos, naturalmente, pode ser executado simultaneamente, é claro. Teoricamente, por meio de planejamento e trabalho duro, você poderá aumentar os lucros por venda, reduzir o custo da mala direta e aumentar a eficácia da mesma. Pequenos melhoramentos em cada área podem resultar em lucros aumentados de modo substancial.

Teste a mala direta

Testar refere-se a um processo de ensaio-e-erro para se descobrir a maneira que resultará no maior número de respostas. O objetivo é eliminar a incerteza e trabalhar com o que trouxer bons resultados testando a eficácia de diferentes cabeçalhos, preços, cores ou mesmo datas de remessa.

Um programa de teste bem-sucedido inclui duas condições prévias. Somente uma variável pode ser testada por vez e devem ser mantidos registros cuidadosos das respostas.

Teoricamente, tudo na mala direta deve ser o mesmo, exceto a variável a testar. Testar dois preços ou duas datas invalidaria o teste, porque o leitor pode estar respondendo apenas a uma das variáveis. (Uma oferta por mala direta em um livro de artes de Natal provavelmente atrairá mais em novembro do que em abril, independentemente do preço de venda).

Mesmo a mala direta de pequenas empresas pode ser codificada, se houver o desejo de testar e melhorar a eficiência dela.

Exemplo: ao remeter convites para uma venda especial você pode

Quadro 8.6

Registrados ou simples*

Tarifa	Vantagens	Desvantagens
Registrados	Entrega mais rápida possível pelo correio — geralmente durante a noite dentro dos mesmos códigos postais ou próximos. Não requer ordenação ou empacotamento. A correspondência pode ser colocada em qualquer caixa. Causa boa impressão. Não tem exigências mínimas. Entrega rápida significa que sua mala começa rapidamente a trazer lucros para você. Não há tanta necessidade dos códigos postais. Os exemplares não entregues ser-lhe-ão devolvidos e você pode cancelar os destinatários de sua lista de endereçamento.	Mais alto custo possível por unidade. O custo cresce rapidamente com o peso da mala direta em aumentos de 31 gramas.
Registrados pré-classificados	A maioria dos benefícios acima, mais descontos para cartas e cartões postais. Serviço de Registrados, mais descontos!	Exigências mínimas: as malas devem totalizar uma quantidade mínima de unidades, com exigências mínimas por código postal. Requer taxa anual de pré-classificação. Verifique na sua agência de correio as taxas atuais.
Simples	O mais baixo custo possível por unidade. O custo cresce lentamente com o peso da mala direta	Requer autorização (verifique o preço). Deve ser pré-classificada e empacotada por código postal. Maior prazo de entrega de todos. Rendimentos perdidos durante o período de entrega.

*A Empresa Brasileira de Correios e Telégrafos tem sua maneira própria de proceder na postagem de mala direta. Estão previstas tarifas especiais (Nota do editor).

imprimir a palavra "Convites" em duas cores. Simplesmente contando os "azuis" e os "vermelhos" identificaria qual lista, preço, cabeçalho ou outra variável teve mais sucesso.

Durante um certo período, eliminando constantemente os "perdedores" e construindo sua mala direta sobre os apelos "vencedores", você pode montar um programa de mala direta que produzirá resultados previsíveis — um programa que aumentará as vendas de modo muito econômico.

Bibliografia — Sugestões para leitura adicional

> **Quadro 8.7**
> **O significado de "Solicita-se corrigir endereço"**
>
> "Solicita-se corrigir endereço" em uma correspondência que você recebe em sua caixa postal significa que o remetente quer manter-se informado a seu respeito.
>
> A correspondência é sempre enviada para você por um ano após uma mudança, mas o remetente não é informado de que ela está sendo entregue em um endereço diferente.
>
> Ao fim de um ano, a correspondência continuará a ser remetida, mas destruída depois que tiver expirado a ordem de remessa.
>
> "Solicita-se corrigir endereço" significa que o remetente está disposto a pagar uma quantia adicional para descobrir seu atual endereço. Correspondência simples ou registrada será remetida para o endereço mais novo, e uma cópia dos antigo e novo endereços será enviada para o remetente original, para que seu endereço possa ser atualizado.
>
> Geralmente é suficiente incluir "Solicita-se corrigir endereço" uma ou duas vezes por ano em sua correspondência, para manter a lista em dia.

Caples, John. *Tested Advertising Methods.* Englewood Cliffs, NJ. Prentice Hall. Melhor guia individual para uma redação eficaz de anúncios. Contém diretrizes testadas e aprovadas para melhorar suas habilidades criativas.

Kobs, Jim. *Profitable Direct Marketing.* Chicago, Crain Publications. Informação equilibrada sobre como operar seu próprio programa de marketing direto, mais 11 estudos de caso detalhados.

Stone, Bob. *Successful Direct Marketing Methods.* Chicago, Crain Publications. ·A bíblia do marketing direto. Informações práticas a cada página.

Direct Mail Advertising and Selling for Retailers. Uma antologia. National Retail Merchants Association, 100 West 31st Street, New York, NY 10001, 28 capítulos com folhetos de registros.

Hodgson, Richard (Ed.). *Direct Mail and Mail Order Handbook.* Chicago, Dartnell Corporation. 1.555 páginas de informação por vários líderes da área: detalhes abundantes.

Plano de ação para:
"Propaganda por mala direta"

- ❏ Escolha a forma de mala direta mais adequada para suas necessidades.
- ❏ Faça sua lista de nomes de clientes potenciais "quentes" e "frios", e decida como vai manter a lista.
- ❏ Analise os custos de criação e de veiculação da sua mala.
- ❏ Descubra o ponto de equilíbrio de sua mala e faça uma projeção do retorno necessário para cobrir os custos.
- ❏ Crie e teste a mala direta, alterando uma variável por vez. Melhore sua mala direta a cada nova aplicação.

9

Venda centrada no cliente potencial

Propaganda é uma das maneiras de tornar muitas pessoas cientes dos benefícios de seus produtos ou serviços. Mas as vendas não são necessariamente realizadas porque uma pessoa leu, viu ou escutou seu anúncio. Freqüentemente, são os esforços, um a um, que fazem você ganhar o dinheiro real. É por isso que a venda centrada no cliente potencial é uma ferramenta valiosa para qualquer empresa.

Prospectar foi definido como "procurar alguma coisa de valor." Na prospecção de ouro, você se dirige a uma área onde há depósitos de ouro conhecidos. Você procura os depósitos de areia escura, coloca uma porção em sua bateia e começa a peneirar a parte escura. O que sobra é a coisa de valor — o ouro. Na prospecção de venda, o objetivo é descobrir a venda. O papel do vendedor é persuadir o cliente potencial a consumir as mercadorias ou serviços usando técnicas que colocam o interesse do cliente potencial em primeiro lugar.

Entretanto, apesar da importância da persuasão em vendas, alguns observadores dizem que apenas 5% do pessoal de vendas são "persuasores." 90% são considerados "tomadores de pedido" — os vendedores que não aumentam o volume de vendas gerando novos negócios, mas simplesmente recebem pedidos. Outros 5% poderiam ser chamados "charlatães". Esses vendedores são caracterizados pela abordagem de venda agressiva, conversa rápida.

Os persuasores, aqueles que tornam as pessoas cientes de suas necessidades e demonstram como o produto ou serviço da empresa satisfaz essas necessidades, são os melhores vendedores em qualquer empresa. As técnicas que eles usam são as que detalhamos aqui.

Projete uma atitude positiva

Torne-se seguro de si mesmo como vendedor. Apesar dos evidentes preconceitos, vender é uma excelente carreira. Pode ser divertida e satisfatória, e para o proprietário de empresa independente, habilidades de venda são vitais.

Sua atitude ou sua postura em relação a você e a seu produto são reconhecidos de várias maneiras. Palavras, tom de voz, maneira de vestir-se, expressão corporal, maneira de falar sobre a concorrência, contato visual e grande número de outros indicadores permitem a seu cliente potencial conhecer seus verdadeiros sentimentos. Uma atitude positiva é contagiante. Ela prepara seu cliente potencial para o melhor de você e de seu produto.

Um vendedor de seguros bem-sucedido lembra que ele nunca vendeu seguro para ninguém, até que comprou uma apólice para ele próprio. Antes disso, estava fazendo a obrigação. A partir daí, sua argumentação de venda era a comunicação de uma crença sincera na importância de seu produto.

Qualifique seus clientes potenciais

Quem precisa dos seus produtos? Quem pode pagar por eles? A pessoa interessada tem poderes para tomar decisões? Um cliente potencial qualificado é uma pessoa que tem uma necessidade que você pode satisfazer, pode pagar pelo produto e tem poder de compra. O persuasor, o bem-sucedido vendedor descrito antes, dedicará 30 a 60% de seus esforços prospectando. A grande maioria dos vendedores dedica muito menos que isso.

Como descubro perspectivas de vendas que podem transformar-se em clientes potenciais qualificados? Entre as maneiras estão: propaganda, mala direta, contatos não combinados, análise de registros de vendas anteriores e pesquisa de porta em porta. Uma vez identificados, esses clientes em potencial devem ser qualificados. Alguns, como os clientes atuais, já estão qualificados. Quanto aos outros, você deve obter informações sobre a renda, interesses, problemas e poder de compra. Em alguns casos será possível investigar antes do contato falando com os amigos, associados comerciais ou clientes de um comprador potencial. Em outros casos pode ser necessário qualificar pessoalmente. Isto é, você terá de perguntar. Que tipo de trabalho você faz? Qual é seu maior problema para administrar essa empresa? Você é o gerente encarregado de decisões relativas a compras deste tipo? Se você conquistou o respeito do cliente potencial e mostrou interesse sincero, suas perguntas serão respondidas.

> Quadro 9.1
> **Fontes de perspectivas de venda**
> Clientes atuais
> Publicidade
> Registros de vendas anteriores
> Chamadas telefônicas
> Esforços de marketing
> Pesquisa porta-a-porta
> Contatos de vendas
> Relações públicas
> Associações
> Mala direta
> Seus fornecedores
> A concorrência
> Feiras e convenções
> Departamentos de serviço e crédito
> Contatos não programados
> Referências

Desenvolva uma abordagem bem-sucedida

Se seu cliente potencial chegar a responder às suas perguntas, você já estará adiantado em sua abordagem — ganhando a atenção do cliente potencial qualificado e estabelecer níveis de confiança e respeito. Uma abordagem bem-sucedida lhe dá a oportunidade de demonstrar e concluir. Uma má abordagem manda você de volta para o banco, não importa quão atraente seja seu produto ou serviço.

Já foi dito que baseado em sua abordagem o cliente potencial dirá, em 30 segundos ou menos, se você merece confiança e se desperta algum interesse. Os fatores que influenciam essa decisão incluem sua aparência, as palavras que você utiliza, sua expressão corporal e o tipo de energia que você transmite. De importância fundamental para o sucesso de sua abordagem é o quanto você se sente seguro com ela. Autoconhecimento em vendas, como em outras áreas, vem da experiência. Considere essas abordagens, tendo em mente que cada uma deve ser adaptada ao seu cliente potencial e ao seu produto.

- *Mostre interesse pessoal.* Cite um anúncio ou um artigo de jornal sobre seu cliente potencial. "Eu li recentemente que você está abrindo uma filial na região Oeste".
- *Dê alguma coisa.* Prêmios são bem-vindos. "Nossa empresa estará patrocinando um seminário no próximo mês sobre as novas mudanças da lei de tributos. Este convite lhe dá direito à participação de graça".
- *Entregue o produto.* Você já recusou tomar alguma coisa que lhe foi entregue? A maioria de nós não. O ideal é você poder entregar o produto ao cliente potencial. Se o produto for grande demais (um automóvel) ou não concreto (um serviço), pense se não é bom oferecer os anuários recentes da empresa ou boletins que descrevam o que sua empresa faz ou um modelo de um produto grande, como uma miniatura de automóvel.
- *Faça uma alegação.* Focalize-a e torne-a verdadeira. "Nossa experiência com outras empresas novas nos deu uma vantagem ao ajudar clientes a evitar os erros já no ponto inicial".
- *Conte uma história.* Quando a voz da experiência fala, os clientes potenciais se calam. "Nós ajudamos uma empresa como a sua a economizar mais de 50 horas de burocracia incômoda e dispendiosa, por mês simplesmente ligando um computador".
- *Faça uma oferta.* Uma oferta inicial pode persuadir um cliente potencial. "Nossos melhores clientes em potencial recebem rotineiramente um mês de lançamentos grátis".
- *Mostre os benefícios.* "Podemos fazer três coisas por você: economizar seu dinheiro de impostos, eliminar trabalho contábil desnecessário e orientá-lo através dos complicados regulamentos da União".
- *Ofereça ajuda.* "Eu vim encontrá-lo hoje porque meus cálculos indicam que nossa firma pode poupar-lhe 40 horas de trabalho por semana; isto é muito dinheiro em um ano".
- *Resolva um problema.* Sua tarefa de fazer levantamentos pode revelar problemas específicos enfrentados por seu cliente potencial. Sugira uma diversidade de boas alternativas. Elas não precisam ter algo a ver com seu produto ou serviço. O objetivo é fazer com que você seja visto pelo cliente potencial sob condições favoráveis.

Ao considerar estas ou quaisquer outras abordagens, lembre que são pessoas que tomam decisões de compra, não corporações. Não há uma abordagem universalmente bem-sucedida. Você deve amoldar-se a si mesmo e ao seu cliente em potencial. O tempo que for necessário para selecionar e aprimorar sua abordagem vai compensar, no final das contas. Se você conseguir tomar consciência do que pensa seu cliente potencial sobre as suas necessidades próprias e de como o produto que é oferecido pode resolver os problemas que ele tem, você estará em um estágio bem avançado.

Demonstre os benefícios de seu produto ou serviço

Uma boa demonstração faz duas coisas para você. Ela educa seu cliente potencial no uso de seu produto e dá a você uma oportunidade de o compreender melhor, abrindo a porta para vendas futuras. A chave para seu sucesso nesta área, como em todas as áreas de vendas, é o planejamento.

O planejamento depende de sua experiência e de seu conhecimento sobre seu produto e sobre seu cliente potencial. Tornando-se ciente do que acontece e do que pode acontecer, é possível planejar soluções antecipadamente com eficácia. Isto mantém você em vantagem com relação ao cliente e capaz de enfrentar quaisquer objeções que possam surgir. Sua estratégia de planejamento deve incluir estes passos:

- *Estabeleça seu objetivo.* Se você estiver buscando uma venda ou se estiver fazendo uma visita inicial para preparar o terreno para futuras negociações, saiba por que você está ali. Se você for um gerente de vendas, deve saber o que sua equipe está tentando realizar. E a equipe vai realizar? As pessoas de vendas estão fazendo visitas com a esperança de que os clientes gostem deles ou realmente querem vender o produto?
- *Escute o seu cliente.* Se deixar o cliente falar em primeiro lugar, você ganhará uma enorme quantidade de informações úteis. Na verdade, o cliente pode até lhe dizer como fazer a venda. Muitas vendas não se realizam porque vendedores muito falantes não escutam. Muitas vezes os clientes potenciais se convencem eles mesmos a comprar.

- *Faça uma demonstração prática* . Não tenha medo de testar sua apresentação. Execute-a mentalmente; experimente-a com um amigo ou gravando em videoteipe. Não receie em incorporar uma apresentação ensaiada em sua argumentação. Todos precisam de alguma coisa básica e segura — um ponto de partida — que pode ser adaptada para ajustar-se às necessidades do cliente potencial específico.
- *Divida em partes a sua demonstração.* Comece escutando e tornando-se familiar com todas as aplicações principais de seu produto. Muitos produtos ou serviços podem ser oferecidos por unidade ou em pacotes. Isto permite a você satisfazer as necessidades de seu cliente para o qual uma quantidade limitada é inadequada, bem como as do cliente que considera seu pacote completo caro demais.

Quando tudo estiver dito e feito, será o esmero de sua preparação que determinará o sucesso da demonstração. Coloque-se no lugar do motorista; saiba bem qual é o trajeto e esteja preparado para alterar o curso ao longo do caminho.

Enfrente as objeções

As objeções são sinalizadores que concluem uma venda bem-sucedida. Ao trazer à tona e desarmar as objeções do cliente potencial você se aproxima de seu destino. O cliente que concorda com tudo o que você diz não dirá sim no final. O cliente potencial que questiona tem muito mais probabilidade de tornar-se um cliente real.

Enfrente as objeções com respostas estudadas; elas não o ameaçarão se você as tiver preparado com antecedência. Quando surgir uma objeção:

- *Acolha-a com prazer*. "Obrigado por apontar isto. Isto mostra que você realmente compreende quanto pode perder se não tiver à mão um profissional para guiá-lo através destas mudanças na legislação." Uma abordagem positiva, acolhedora às objeções, põe você e o cliente potencial em pé de igualdade. Se você tenta refutar as objeções, torna-se o adversário do cliente potencial. Comportamento defensivo não estimula as vendas. Uma objeção significa que o cliente potencial está pedindo a você que remova os obstáculos a uma compra.

- *Faça o cliente potencial falar mais.* Analise a objeção; isto faz o cliente falar mais e freqüentemente resulta em ele vender para si mesmo. "Fale-me mais sobre sua impressão de que um interior projetado profissionalmente afastará alguns de seus mais antigos e melhores clientes." Enquanto o cliente potencial falar, pode parecer que a objeção proposta não é a verdadeira objeção que se interpõe entre você e uma venda. A verdadeira objeção provavelmente será uma para a qual você se preparou e não tem nenhum problema em responder.
- *Escolha entre três opções.* Responda a objeção, ignore-a ou concentre-se nela. Se a objeção for real na mente do cliente potencial, você saberá como enfrentá-la. Se ela for uma evasiva ("Terei de falar sobre isto com o meu gerente"), ignore-a. Freqüentemente, uma objeção leva a um fechamento. Um cliente sugere que é tarde demais no ano fiscal para beneficiar-se dos serviços de sua empresa. "Esta é exatamente a razão para você assinar conosco hoje. Você terá sua primeira prestação no dia 20 do mês e eu terei prazer em requerer um adiamento para você imediatamente. Ou então, posso colocá-lo no período do fim do mês." Novamente, adapte sua resposta para o que você sabe sobre seu cliente potencial; você fechará mais vendas deste modo. Uma preparação adequada dar-lhe-á segurança e as respostas de que você precisa para desarmar seu cliente potencial.

Conclua e ganhe o pedido

Lembra-se dos tomadores de pedido? Eles não persuadem e nunca tentam concretizar a venda. Eles param de vender depois que fizeram sua demonstração, esperando que o cliente peça o produto ou serviço. Isso não funciona. As estatísticas mostram que a venda média é feita na quinta tentativa de fechamento. Os bons vendedores não se intimidam com um cliente potencial que recusa um fechamento. Eles estão preparados para o próximo fechamento, convencidos de que mais cedo ou mais tarde o cliente potencial vai se tornar um cliente de fato.

Ajude-o a tomar uma decisão; é difícil para a maioria das pessoas tomar decisões de repente. Sua habilidade em facilitar uma decisão resultará em um fechamento mais rápido.

Não há um momento melhor, único, para fechar. Qualquer tempo em que seu cliente potencial estiver pronto para efetuar a compra é o tempo certo para assinar. Estude seu cliente para saber quando o ferro está quente — então malhe. O fechamento apropriado é aquele que faz do seu cliente potencial um cliente real.

Considere os seguintes fechamentos. Lembre que na venda centrada no cliente potencial as necessidades deste, em última análise, determinarão o seu método.

- *Fechamento por suposição.* Este é o fechamento básico, onde você supõe que o cliente potencial quer o seu produto. Preencha o pedido enquanto você prossegue. Se ninguém o interrompe no meio do caminho, você fez uma venda.
- *Fechamento direto.* Quando tudo andar bem, você pode fazer uma pergunta direta ao seu cliente potencial: "Quando podemos entregar o computador e o pacote de software, Ms. Duke?"
- *Fechamento sumário.* Para conduzir o cliente potencial a uma decisão, resuma os itens que você mencionou em sua demonstração. "Apenas para ficar mais claro, era sobre nossa equipe ou nosso sistema de entrega que você queria mais informação?"
- *Fechamento da objeção final.* Este fechamento é benéfico quando você se encontra em um jogo de pingue-pongue com um cliente potencial: objeção/resposta, objeção/resposta. Ele induz o cliente a comprar desde que a última objeção seja resolvida. Escute atentamente a objeção e a exposição do cliente potencial. Concorde que é um problema importante e peça a confirmação de que é o único impedimento para o pedido agora. Então, busque a concordância de que uma vez resolvido o problema, a venda estará feita. Responda à objeção; seu cliente potencial não deverá retroceder para o jogo de objeção/resposta. Preencha o pedido.

Acompanhamento

Não durma sobre seus louros. A venda não pára depois que você preenche o pedido. O negócio lucrativo repetido depende do acompanhamento. E, como a venda centrada no cliente, o acompanhamento centrado no cliente significa que ele se beneficia de um acompanhamento adaptado aos interesses dele. Você só tem a ganhar quando desenvolve e vai até o fim com um bom acompanhamento. Eis o porquê:

- *Mantém seu cliente satisfeito.* (Lembre-se — ele era apenas um cliente potencial quando você começou este processo!) E um cliente satisfeito pode gerar novos negócios, indicações e propaganda de boca em boca, talvez o tipo mais eficaz e mais econômico.
- *Traz para você outros possíveis clientes.* Foi demonstrado que freqüentemente, depois de uma venda bem-sucedida, um cliente satisfeito fornece perspectivas de venda quando perguntado. O fato de que você transformou um cliente potencial em um cliente de fato, significa que há um nível de confiança e compreensão entre vocês. Se o cliente lhe confia o negócio dele, é provável que ele queira difundir aquela confiança entre colegas e parceiros comerciais.
- *Permite-lhe vender outros produtos.* O melhor momento para vender mais bens ou serviços para um novo cliente é imediatamente depois de fechar uma venda inicial. Novamente, a confiança que você estabeleceu tem um bocado de influência. Use-a.
- *Ele lhe permite saber se suas alegações e promessas feitas ao cliente potencial sobre seu produto estão sendo realizadas.* Este tipo de retorno pode ser um grande benefício para você e sua empresa. Acompanhamento é mais do que "Alô, como vai?" e um aperto de mão. Seu interesse sincero no desempenho do seu produto ou o benefício realizado por seu serviço comunica muito sobre sua crença nele e em você. Do mesmo modo, a informação que você colhe pode ser usada para melhorar o produto — uma forma fácil de análise de mercado.

As formas que seu acompanhamento pode assumir são tão variadas quanto os seus clientes. Um acompanhamento pode ser uma chamada telefônica, uma visita, um giro pela fábrica ou operação, um artigo sobre um assunto que você pensa interessar ao seu cliente ou aquele velho recurso infalível que sua mãe lhe ensinou: uma nota de agradecimento.

Se sua empresa conduz pesquisa de mercado ou apuração de satisfação do produto, a informação que você aprende com elas pode ser útil também em uma comunicação de acompanhamento: "Caro Sr. Roberts:

Gostaria de compartilhar com você alguns dados recolhidos de uma recente pesquisa de mercado a respeito da série 700. Talvez o senhor esteja interessado em saber que a maioria dos que compraram a 700 eram assim como o senhor, donos de pequenas empresas comprando sua primeira impressora de qualidade. Nós também aprendemos que a maioria dos clientes achou o manual de instruções demasiado complexo. Para remediar isto, preparamos um novo manual que deve sair da gráfica em quatro ou seis semanas. Caso tenha havido qualquer dificuldade com o manual antigo ou há alguma pergunta sobre sua 700, por favor, sinta-se à vontade para me ligar em qualquer ocasião".

Vendas são feitas a pessoas, não a organizações ou conselhos de diretoria ou instituições. E porque vendemos para pessoas, apoio e reforço são de grande importância. Todo mundo quer sentir que alguém se preocupa com sua satisfação com uma compra. Um acompanhamento pode fazer isto e mais.

Os benefícios da venda centrada no cliente potencial

A venda centrada no cliente potencial põe as necessidades dele em primeiro lugar. Ela é, portanto, uma técnica que requer muito mais de um vendedor que a abordagem "à queima-roupa" ou qualquer outro método onde o conhecimento do cliente potencial não é enfatizado. A venda centrada no cliente potencial pode não ser o método mais fácil. Aprender sobre seu cliente potencial, adaptar uma abordagem, demonstração, fechamento e acompanhamento para as necessidades especiais dele requerem ponderação e esforço. Mas enquanto o tomador de pedido e o charlatão podem fazer a primeira venda ou mesmo uma venda repetida, com alguma facilidade, é o persuasor cuja eficácia pode ser julgada com o tempo. Tempo e esforço são os investimentos; vendas lucrativas são o retorno. Planejar, preparar, escutar e persistir levam tempo. Os persuasores reconhecem o valor desta aplicação. A venda que é feita na base dos melhores interesses e preocupações do cliente potencial tem mais probabilidade de ser sólida e de levar a um relacionamento duradouro do que a venda construída sobre a sorte, conspiração ou engano. Torne-se um persuasor, e, como o prospector com a bateia peneirando através de areia escura, procure o ouro.

Lista de verificação para o sucesso

- √ Você conseguiu encontrar um tomador de decisões — a pessoa que tem o poder para comprar de você?
- √ Você marcou uma reunião e confirmou-a?
- √ Você pesquisou as necessidades do cliente potencial? Esta visita pode ajudá-lo a colher informações?
- √ Reavalie o que sabe sobre o cliente potencial. O que mais você precisa saber?
- √ Quais são as principais preocupações desse cliente potencial? Você está preparado para lidar com elas?
- √ Reanalise os pontos principais que você planeja discutir. Como você pretende discuti-los?
- √ Você tem os necessários instrumentos de apoio de vendas (quadros, audiovisuais, expositores, testemunhos) apropriados para este cliente em especial?
- √ Que perguntas você pode prever da parte de seu cliente potencial?
- √ Você usou palavras e imagens positivas para persuadir seu cliente?
- √ Que objeções podem aparecer? Como você responderá a elas?
- √ Você consegue descobrir maneiras de permitir ao seu cliente segurar, sentir, provar ou imaginar-se usando seu produto ou serviço?
- √ Há similaridades entre este possível cliente e outros que você encontrou? Você pode usar este conhecimento para evitar erros e obstáculos que o perseguiram no passado?
- √ Como você fará o acompanhamento?

Plano de ação para:
"Venda centrada no cliente potencial"

❏ Demonstre uma atitude positiva sobre você e seu produto
❏ Descubra várias fontes de perspectivas de vendas e classifique seus clientes potenciais.
❏ Uma abordagem que leva a uma venda é aquela que põe as necessidades de seu cliente em primeiro lugar.
❏ Planeje cuidadosamente as apresentações de venda que você vai fazer.
❏ Enfrente as objeções com respostas preparadas.
❏ Considere vários fechamentos e use os que funcionarem melhor com seus clientes dependendo das situações.

10

O Gerente de vendas

A venda centrada no cliente potencial é uma valiosa ferramenta para construir a base de clientes de uma empresa. Outra maneira de desenvolver negócio novo é delegar toda a função para uma pessoa: o gerente de vendas.

Gerentes de vendas não são apenas para grandes empresas. Para você, dependendo da situação, contratar um gerente de vendas pode ser um modo de tirar vantagem das oportunidades de crescimento. Mas a principal questão a colocar quando você contrata novo colaborador, faz uma significativa despesa com equipamento ou estuda despesas importantes, é: como esta pessoa/máquina/despesa pagará por si mesma em economias ou aumento de vendas? Este tópico levanta algumas questões que o ajudarão a avaliar se um gerente de vendas pode contribuir para o crescimento de sua empresa.

Quando contratar

Como você vai avaliar se um gerente de vendas é necessário em uma pequena empresa? Pode uma empresa em crescimento dar-se ao luxo de ter um gerente de vendas? Quando você deve deliberar sobre a contratação de um gerente de vendas?

Pensar bem sobre a descrição de cargo potencial de um gerente de vendas irá gerar idéias construtivas, não obstante as circunstâncias imediatas. Tente isto: se você tivesse todo o tempo do mundo para dedicar-se estritamente a vender ou gerenciar sua equipe de vendas, quais seriam suas principais prioridades?

Ou então, se você não tivesse de se preocupar com vendas, quais seriam suas cinco principais prioridades? Talvez você não passe tempo suficiente planejando, dirigindo e organizando porque você também é responsável pela abertura de novos negócios. A carga de trabalho pode ser excessivamente pesada. Como disse um empresário: "Do momento em que chego ao meu escritório até o momento de sair, entre telefonemas, correspondência e interrupções, não consigo fazer nada."

Geralmente, pareceria ser uma questão quanto ao que a empresa pode suportar. Mas será mesmo? Admitir um gerente de vendas é um investimento em gerenciamento de marketing. A questão real seria: "O que eu posso em termos racionais, esperar em aumento de vendas?"

Com a pessoa certa, o empresário adquire um sócio não-proprietário que pode ajudar a desenvolver a estratégia da empresa, estruturar a função de marketing e aumentar as vendas. O empresário fica livre de muitos dos detalhes das vendas (Ver a lista dos deveres no Quadro 10.2). E embora você queira manter certos clientes para seu contato pessoal, outros podem ser atendidos por um gerente de vendas que sabe que a renda dele derivará do desempenho dessas funções.

Uma segunda oportunidade prática para estabelecer a posição surge quando uma empresa atinge um certo nível de volume de vendas ou número de vendedores para ser gerenciado. Na categoria abaixo de R$ 5 milhões de volume de vendas, uma regra prática seria autorizar 3% para gerência de vendas. Isto não sugere que o gerente de vendas está sob uma política de comissão pura (consulte o tópico "Recompensar e manter"). Mas se você planeja atrair um talento competente para o gerenciamento de vendas, provavelmente precisará planejar a concessão de incentivo até aproximadamente 3% do volume de vendas.

Além desses números, quantas pessoas de vendas devem ser gerenciadas? O pessoal de vendas não pode ser treinado, motivado, monitorado e acompanhado através de boletins, formulários e estatísticas. Se seu pessoal de vendas está crescendo, você precisará de um gerente para prover direção e coerência. Qualquer que seja a sua situação, nomear um gerente envolve delegar autoridade. Menos do que isto significa que seu tempo e o esforço continuarão a ser dispersos.

Seleção

Você está procurando uma pessoa com excelentes habilidades de gerenciamento e vendas. Os métodos e o progresso da pessoa devem ser bem examinados ao longo de um certo período. Obviamente você quer uma pessoa de gerência perfeitamente capaz de atingir níveis mais altos de volume bruto e lucros.

Muitos empresários nomeiam gerentes de vendas de dentro da empresa — um vendedor de destaque ou uma pessoa administrativa próxima ao proprietário, por exemplo. Tal promoção pode ter sido conquistada honestamente. Entretanto, você deve avaliar de maneira objetiva se a pessoa "lógica" é, de fato, a mais acertada para o desenvolvimento da empresa.

Quando os objetivos da empresa são claros, as características e a formação empresarial do candidato ideal são mais facilmente evidentes. Se é necessário um forte administrador, promover o vendedor interno de destaque pode ser perigoso. Por outro lado, promover um administrador capaz para uma posição em que novas contas, métodos e estilo são necessários pode ser igualmente frustrante.

Ao selecionar uma pessoa da mesma área ou uma excelente pessoa de outra, o profissional ideal terá contatos partindo do ramo de atividades que você tem ou oriundos de outra área, o que beneficiará a sua empresa.

Se você está considerando contratar um gerente de vendas, é melhor começar a anunciar muito antes que esteja pronto para contratar. Anunciar e recrutar bem antes do tempo possibilita uma análise do talento disponível, custos potenciais do investimento e ganho potencial. Os anúncios, sob um número de caixa postal, devem descrever o tamanho da empresa, a área geral de atividade (produtos de consumo, industrial, serviços), autoridade e responsabilidades. Um anúncio bem redigido em um jornal de projeção trará muitas respostas. Muitas vezes, executivos experientes em grandes organizações procuram novos desafios e maior potencial de crescimento em uma organização menor.

Valer-se de uma firma de recrutamento para auxiliar no processo de seleção não é diferente de contratar um especialista em qualquer outra área da empresa. Alguns são *head hunters* pura e simplesmente; outros são mais especializados em compreender as necessidades e preferências dos clientes.

Conseguir pessoal talentoso faz parte da constante atenção de um empresário sobre as tendências e acontecimentos na empresa. As melhores fontes para candidatos prováveis a gerente de vendas estão dentro do extenso círculo de contatos comerciais de um dono de empresa. O pessoal dos periódicos especializados (redatores, editores, representantes) está extremamente bem informado e fará todo o possível para ajudar os membros de suas empresas. Isto também é verdade para as associações de classe.

Outros contatos também são importantes: fornecedores, clientes, parceiros do ramo. O sigilo é vital. Os empresários não devem permitir serem assediados por candidatos. Simplesmente deixe que alguns poucos contatos saibam que você está interessado em conversar com pessoas do melhor nível. Isso será suficiente para atrair candidatos capazes.

Estabelecendo objetivos

Ao estabelecer objetivos específicos, os empresários tornam-se mais capazes de dirigir suas empresas e gerar contribuições mais fortes dos funcionários, dando a estes um senso de realização em lugar de apenas desempenhar papéis em níveis que lhes permitam manter os empregos. Os objetivos podem ser preestabelecidos em termos de tempo (por mês, um período determinado ou ano), linhas de produto oferecidas, áreas cobertas, expectativa de volume, estruturas de lucro ou alguma combinação destes.

Os proprietários querem saber o volume de vendas e os lucros correspondentes, necessários para manter a empresa, mas com freqüência os objetivos são expressos apenas em termos gerais. A estratégia que emerge de objetivos indefinidos é: "Consiga pedidos". Nestas circunstâncias, o pessoal de vendas não tem uma direção precisa e depende apenas da habilidade pessoal em vendas para absorver uma parte do negócio. Os objetivos devem ser uma parte integrante da descrição de cargo do gerente de vendas e avaliação permanente de desempenho. O truque é fazer os objetivos ambiciosos sem deixarem de ser realísticos.

Mas a fim de estabelecer objetivos para o gerente de vendas você deve reavaliar seu plano de marketing. Observe o Quadro 10.1. Quais são suas estratégias de marketing? Existem possibilidades de que seus clientes potenciais venham a comprar seus produtos e serviços de mais

> **Quadro 10.1**
> **Uma visão geral à luz do seu plano de marketing**
>
> Estas perguntas o ajudá-lo-ão a reavaliar e atualizar suas prioridades de marketing. Estas são considerações importantes na determinação de suas necessidades atuais ajudá-lo-ão (ou futuras) de maior apoio em vendas.
>
> 1. Quais são seus objetivos de marketing para o próximo ano nas seguintes áreas? E para os próximos cinco anos? ❏ valor de vendas ❏ vendas unitárias ❏ lucros ❏ participação de mercado ❏ atividades a iniciar ❏ atividades a interromper ❏ clientes a cancelar ❏ mercados a penetrar ❏ mercados a abandonar ❏ expansão da base de clientes ❏ expansão do mercado ❏ melhora da produção/produto ❏ reputação
> 2. Ordene seus principais problemas de marketing por importância: _____
> _____
> 3. Que perigos e oportunidades de vulto sua empresa tem pela frente para os próximos cinco anos nas seguintes áreas? ❏ produto e serviços ❏ atividade competitiva ❏ atitudes dos clientes ❏ ambiente geral da empresa
> 4. Que nova concorrência você espera nos próximos cinco anos? _____
> 5. Que concorrência você espera que diminua ou desapareça no próximo ano? Cinco anos? Por quê? _____
> 6. Como sua concorrência estrutura seu trabalho de vendas? _____
> 7. Daqui a cinco anos, que proporção de suas vendas você espera que venha de novos produtos? Novos mercados? _____
> _____

de uma fonte. Eles comprarão de você porque você é o maior, o menor, o mais simpático, o mais franco, o mais confiável? Você pode demonstrar benefícios importantes de maneira mais competente que seus concorrentes? Quais são esses benefícios e como você treina seu pessoal de vendas para comprová-los? Tudo isto é primordial para o trabalho do gerente de vendas.

Muitas empresas projetam expectativas de volume baseadas nas vendas do ano anterior em vez de nas oportunidades genuínas de vendas. Em uma posição recém-criada, o gerente de vendas competente sabe que os números do ano anterior são apenas um ponto de partida e poderá estabelecer objetivos realísticos para as vendas futuras. Se tais dados não estiverem disponíveis, o gerente deve criar métodos para interpretar os registros de contabilidade e de produção em forma de análise de vendas.

Autoridade e métodos

A eficácia de um gerente de vendas deriva de algo muito além da habilidade pessoal. Deveres atribuídos, autoridade delegada e instrumentos organizacionais devem combinar-se para reforçar a posição do geren-

> **Quadro 10.2**
> **Uma lista dos deveres comuns à posição do gerente de vendas**
>
> - Planejar a estratégia de vendas.
> - Preparar o orçamento da função de vendas.
> - Contratar, treinar e motivar o pessoal de vendas.
> - Demitir o pessoal de vendas improdutivo.
> - Monitorar o progresso do treinamento em cada território.
> - Monitorar o progresso de cada vendedor.
> - Monitorar as atividades das contas principais.
> - Monitorar o movimento do produto através dos territórios.
> - Avaliar o desempenho do pessoal de vendas em relação aos objetivos da empresa.
> - Planejar promoções, concursos, etc., especiais.
> - Trabalho de campo com o pessoal de vendas.
> - Planejar, promover, e participar das feiras do ramo.
> - Desenvolver as contas principais.
> - Atender as contas internas.
> - Coletar dados sobre a concorrência.
> - Relatórios periódicos para a gerência superior.
> - Expandir territórios sob condições econômicas fracas, dividir territórios em crescimento.
> - Criar publicidade para a função de vendas.
> - Participar das atividades de associações do ramo.
> - Pesquisar novos produtos.
> - Conduzir reuniões de vendas.

te de vendas. No primeiro ano, o custo da posição de um novo gerente de vendas deve ser absorvido no redirecionamento do ímpeto de vendas, aumento do volume, novas contas e reavaliação dos territórios.

Em uma situação típica, o empresário conseguirá os maiores lucros. Como acontece freqüentemente, 80 a 90% do volume de vendas virão de 10 a 20% de todas as contas. Mesmo supondo que o dono da empresa continuará a atender a alguns dos clientes principais, haverá suficientes clientes potenciais para o gerente ganhar o seu quinhão.

O gerente de vendas deve mapear, para reavaliação periódica, o nível de vendas em um determinado período. Na maioria dos casos isto ajudará a mostrar onde podem ser esperados crescimentos de vendas e por quê. Cada conta é reavaliada analiticamente quanto ao potencial, alocação de tempo e ações específicas para conseguir uma maior participação de negócio. O gerente precisa também reavaliar as técnicas de vendas e a freqüência de visitas.

Gerentes de vendas competentes podem programar seu tempo e recursos de modo a obter o máximo retorno. Pesquisar a possibilidade de novos produtos e reunir dados sobre a concorrência são funções permanentes de coordenação entre contatos, clientes e operações. Para lidar eficientemente com todos os deveres, o gerente pode precisar de um assistente competente, por exemplo: um *trainee* de vendas, uma pessoa administrativa ou secretária executiva capaz de pesquisar, analisar e transmitir informações.

Recompensar e manter

A natureza da remuneração de vendas permite a pequenas empresas competir com sucesso com outras organizações muito maiores que elas. A remuneração por desempenho em vendas, mais do que qualquer outra atividade em uma organização, é baseada em percentagens, como mostra o Quadro 10.3.

O gerente responsável por substanciais aumentos no volume de vendas acha que a sua renda deveria crescer. Um gerente de vendas com um salário-base, mais despesas e um bônus de fim de ano indefinido baseado no desempenho não tem incentivo específico.

Como deve ser estabelecida a remuneração? Você tem várias opções. Ao fazer um orçamento de vendas, os gerentes aceitam a responsabilidade de motivar o pessoal de vendas e gerenciar de modo a trazer os máximos resultados para a empresa. Nos casos em que o gerente de vendas cobrir um território ou atender a clientes preferenciais, não é incomum que sua remuneração seja compensada pelo volume de vendas que de outra maneira seria comissionável, ou pagando um vendedor assalariado. Os donos de empresas devem reconhecer isto ao planejar o pacote de remuneração de seu gerente.

Pelo menos dois aspectos relativos a manter um gerente de vendas devem ser examinados de perto pelo proprietário da empresa: primeiro, recompensas devem manter-se proporcionais ao desempenho e, segundo, as conseqüências de perder uma pessoa excepcional para um melhor emprego, ou ainda pior: perder para um concorrente.

Gerentes de vendas bem-sucedidos geralmente recebem ofertas, sejam elas procuradas ou não, de mais dinheiro do que estão ganhando. Em tais casos a atração é uma renda maior imediata e mais outras vantagens que podem incluir uma promessa de sociedade, opções de ações ou outros ganhos mensuráveis.

O seguro mais eficaz para os empresários é através do desenvolvimento do compromisso com a empresa. Onde as pessoas-chave compartilham dos objetivos de um esforço de equipe, elas se identificam com ele. As vantagens da satisfação genuína no trabalho e o sentimento de participar são poderosos incentivos para as pessoas. As muitas opções disponíveis para os empresários remunerarem e manterem os funcionários mais eficientes estão relacionadas com os objetivos a longo prazo da empresa.

Quadro 10.3

Remuneração de vendas relacionada com o volume de vendas

O gráfico deste quadro representa números comuns de remuneração de vendas. Entretanto, o que pode ser típico para uma empresa pode ser totalmente inadequado para outra. Cada empresa é única, e fatores, tais como tamanho, natureza do negócio e localização são considerações importantes para se determinar a remuneração. Com um volume bruto de R$ 5 milhões ou mais, o gerente de vendas tem pouco tempo disponível para atender a contas pessoalmente. Ele necessitará de assistente(s) para lidar com a tarefa. Note que apenas nas categorias de R$ 5 milhões ou mais, são geralmente oferecidas opções de ações.

O fator mais significativo das opções de ações é que a maioria das grandes organizações adotaram esta política de gerência para conseguir crescimento substancial. Lotes de ações podem ser dados como parte do bônus, ações por alcançar objetivos preestabelecidos ou a gerência pode estabelecer preço por ação "especial" quando os objetivos são alcançados. O fator de controle não é a quantia dada; é minimizar as conseqüências tributárias e prover motivação.

Opções de ações podem ser um instrumento mais poderoso para empresas abaixo da categoria de R$ 5 milhões. Na empresas de maior volume, os executivos podem facilmente vender as ações se eles quiserem mudar-se para outra empresa. Nas empresas pequenas (menos ações), a propriedade de lotes de ações cria forte motivação para permanecer e construir. Os donos de empresa elaboram os programas com a ajuda de contadores e advogados.

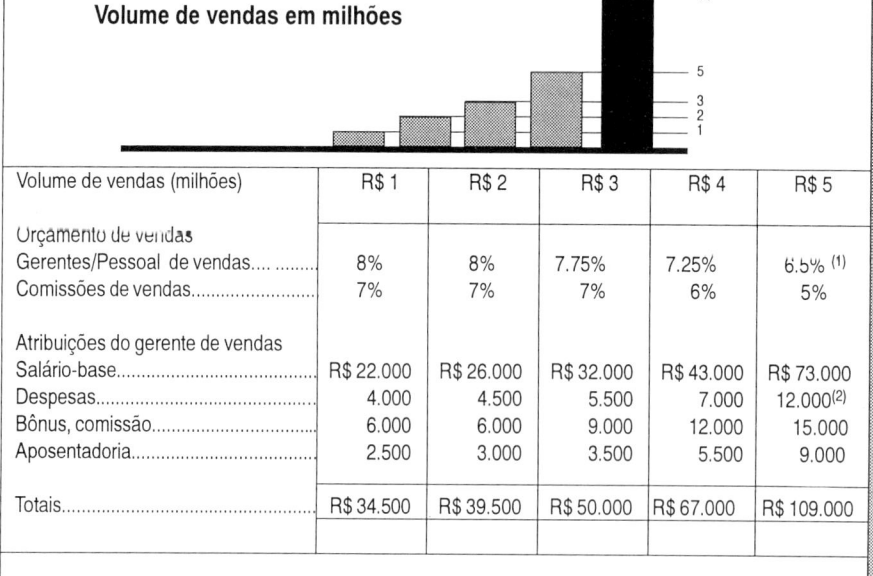

Volume de vendas em milhões

Volume de vendas (milhões)	R$ 1	R$ 2	R$ 3	R$ 4	R$ 5
Orçamento de vendas					
Gerentes/Pessoal de vendas..........	8%	8%	7.75%	7.25%	6.5% (1)
Comissões de vendas..................	7%	7%	7%	6%	5%
Atribuições do gerente de vendas					
Salário-base...............................	R$ 22.000	R$ 26.000	R$ 32.000	R$ 43.000	R$ 73.000
Despesas...................................	4.000	4.500	5.500	7.000	12.000(2)
Bônus, comissão........................	6.000	6.000	9.000	12.000	15.000
Aposentadoria............................	2.500	3.000	3.500	5.500	9.000
Totais...	R$ 34.500	R$ 39.500	R$ 50.000	R$ 67.000	R$ 109.000

(1) Os custos reais serão mais altos devido à equipe de suporte que este volume requer
(2) Opções de ações incluídas

Se você perder um gerente de vendas, é necessária uma "campanha" para preencher o súbito vazio. A franqueza com os clientes e o pessoal de vendas refletirá confiança e segurança. Geralmente os clientes compram da empresa e não por causa de uma pessoa. A campanha pode incluir uma repetição de uma oferta especial anterior. Se o gerente de vendas é substituído ou são feitos outros arranjos (um assistente assume), deve ser colocada ênfase na manutenção de um alto padrão de desempenho.

Donos de pequenas empresas podem aprender das organizações maiores na área de desenvolvimento de "pacotes" executivos que estimulam as pessoas a construir carreiras sobre desempenho e estabilidade no emprego. Firmas legitimamente constituídas e de contabilidade têm centenas de sócios dentro da estrutura corporativa. Executivos das grandes empresas são contratados para estruturas projetadas para mantê-los até a aposentadoria.

Seu desafio está na definição de que gerência empresarial é a arte de conseguir fazer as coisas através de pessoas.

Plano de ação para: "O gerente de vendas"

- ❑ Defina se sua empresa necessita mesmo de um gerente de vendas perguntando: "Quanto pode aumentar o nível de vendas como resultado?"
- ❑ Selecione uma pessoa com formação gerencial e de histórico comprovado em alcançar níveis mais altos do volume bruto de vendas e lucros.
- ❑ Começe anunciando bem antes de estar pronto para contratar.
- ❑ Reavalie seu plano de marketing e estabeleça objetivos para seu gerente de vendas.
- ❑ Defina as funções, delegue autoridade e procure prover ferramentas organizacionais que reforcem a posição do gerente de vendas.
- ❑ Remunere seu gerente de vendas de tal modo que você estimule o compromisso dele a longo prazo com sua organização.

11

Análise do ponto de equilíbrio

Um gerente de vendas e uma equipe de suporte bem treinada, motivada, podem realizar maravilhas para aumentar a receita de uma empresa. Mas a fim de traçar seu plano de ação, eles precisam saber o que se espera deles. Você pode ajudar quantificando os objetivos em termos realísticos, exeqüíveis — e utilizando a análise do ponto de equilíbrio.

A análise do ponto de equilíbrio é um instrumento analítico simples mas poderoso que permite estimar o nível de vendas necessário sob as condições correntes para sua empresa ficar equilibrada (empatar financeiramente). Desse ponto de partida, um grande número de outras questões podem ser examinadas. Não há empresa, em funcionamento ou projetada, que não possa beneficiar-se de alguma aplicação desta técnica.

A análise do ponto de equilíbrio é baseada na proposição de que os custos de fazer negócio podem ser divididos em duas amplas categorias de "custos fixos" e "custos variáveis" em relação ao volume de vendas. Todos os passos seguintes baseiam-se nessa proposição.

Divida os custos em fixos e variáveis

Custos fixos e variáveis não são definidos por uma lista ou por um conjunto rígido de regras, mas são definidos, pelo menos em parte, pelo contexto de sua empresa em um dado momento, em meio a uma soma razoavelmente constante de condições.

Dentro de algum limite racional, os custos fixos não variam quando as vendas sobem ou descem. Exemplos são o aluguel do escritório, pagamentos de juros sobre empréstimos ou salários do escritório.

Em outro caso, dentro de algum limite moderado, os custos variáveis estão diretamente associados ao volume de vendas e sobem à medida que as vendas crescem e descem quando as vendas declinam. Um exemplo muito bom é o custo real da mercadoria para o comerciante que a compra e depois a vende ou o custo dos materiais que vão no desentupidor de pia que a Unstop, Inc. fabrica e vende.

Mas não cometa o erro de pensar que custos fixos e variáveis são o mesmo que custos sobre os quais você não tem controle, por um lado, e que você pode controlar, pelo outro.

O produtor de ovos não tem controle sobre o custo do grão com que ele alimenta suas galinhas, apesar de que esse custo no total é diretamente variável com o número de galinhas que ele alimenta e daí com o número de ovos que tem disponível para venda. Também você pode negociar o valor do empréstimo que recebe, mas uma vez concedido o empréstimo, os pagamentos de juros são essencialmente fixos, não importa o nível de vendas atingido.

Não pense você que pelo fato de o custo das mercadorias ou de alguma outra despesa, comumente ser tratado como custo variável pela análise do ponto de equilíbrio, ele deva ser tratado como tal na sua empresa. O importador de roupas da alta moda faz um pedido para tantas peças, paga por elas, e é tudo. Não importa quantas são vendidas, o custo das mercadorias é fixo. Realmente, o custo por peça vendida varia, mas ninguém encarando um importador que comprou 20.000, vendeu 5 e jogou fora o resto, vai discutir que o custo da sua mercadoria vendida era variável.

O critério aqui é racional: Custos que eram variáveis para uma empresa serão fixos para outra e vice-versa. O somatório de condições será um fator em sua decisão de alocar custos para uma categoria em lugar da outra. Seja sensato, use a cabeça — e você não vai errar muito. Não recuse usar a análise do ponto de equilíbrio porque você não pode decidir onde colocar um ou dois custos menores. Isto não é ser sensato.

O primeiro objetivo na análise do ponto de equilíbrio é dividir os custos de sua empresa em duas amplas categorias: fixos e variáveis.

O raciocínio é simples. Para cada unidade monetária de vendas, incidirá um certo custo diretamente relacionado. Este é um custo variável. A sobra, depois que esse custo tiver incidido, será algo para aplicar aos custos fixos que estão lá, não importa qual seja o volume de vendas. Quando suficientes unidades monetárias de vendas tiverem sido realizadas, de modo que as sobras cheguem a igualar os custos fixos, o ponto de equilíbrio das vendas terá sido atingido. A empresa não está ganhando nem perdendo dinheiro.

Distribua os custos semivariáveis

Imediatamente, alguém dirá que o mundo real não é tão simples e que muitos custos não estão diretamente ligados ao volume de vendas mas também não são rigorosamente fixos.

Algumas pessoas tentam dividir esses custos em componentes fixos e variáveis — a tarifa básica mensal do telefone em comparação às chamadas de longa distância que estão diretamente ligadas às vendas. Alguns tentam inventar fórmulas elaboradas para uma distribuição baseadas em qualquer coisa, da experiência já vivida até o mapa astral de um astrólogo.

Tais manobras são feitas por perder-se de vista o fato de que qualquer que seja a categoria para a qual os custos são destinados, o ponto de equilíbrio permanece o mesmo porque o equilíbrio ocorre quando os custos totais igualam as receitas totais.

Na maioria dos casos, a experiência tem mostrado que para o primeiro corte, qualquer dos dois métodos funciona perfeitamente bem.

Relacione os custos com as vendas do período

Para calcular o volume de vendas do ponto de equilíbrio, três totais do mesmo período são necessários: os custos fixos totais, os custos variáveis totais e as vendas totais associadas com esses custos. Note que esses números não precisam ser reais, históricos — eles podem ser previsões. Estes três totais são inseridos em uma fórmula matemática simples para calcular o volume do ponto de equilíbrio.

Você deve prestar especial atenção às implicações da frase "associado com esses custos", pois a utilidade da análise do ponto de equilíbrio sempre se apóia em seus custos. Quanto mais detalhados seus relatórios financeiros, mais aplicações podem ser feitas do ponto de equilíbrio. Um bom exemplo é o dono de restaurante que tem um movimento de alimentos e um de bebidas em partes separadas do restaurante mas não pode dizer quanto ganha de um ou de outro. Entretanto, são tipos de operação muito distintos. Tão distintos, de fato, que muitos especialistas sustentam que devem ser sempre separados para fins de controle (Bebida é uma operação de alto lucro — e também tem alto potencial de perdas devido a bebidas grátis, derramamento, furto e simples descuido).

Se puder separar os custos por operação ou por produto, faça-o. Este é um benefício extra para chegar aos custos do ponto de equilíbrio. Se você puder fazer isto e ao mesmo tempo distribuir as despesas gerais nas mesmas operações ou produtos, você poderá calcular o ponto de equilíbrio por linha de produto. Isto pode conduzir a todo tipo de surpresas — como foi notado por muitos fabricantes.

Aplique a fórmula do ponto de equilíbrio

Embora haja muitas fórmulas disponíveis para chegar ao ponto de equilíbrio, apenas uma será usada aqui. Não se incomode em memorizá-la. Escreva-a em algum lugar para consultá-la. O cálculo em si é puramente matemático.

$$\text{Vendas em R\$ no Ponto de Equilíbrio} = \text{Custos fixos} \div 1 - \frac{\text{Custos Variáveis}}{\text{Volume de Vendas}}$$

Para converter o volume de vendas em valores monetários no ponto de equilíbrio para unidades, divida-o pelo preço unitário de venda. Este é um caso em que repartir seus custos por linhas de produto é conveniente — não que toda empresa se preste para tal precisão, naturalmente. Mais uma vez, seja sensato. Você pode achar que expressar o ponto de equilíbrio em unidades é mais descritivo do que expressá-lo em valores — e certamente muitos gerentes de vendas preferem tal análise porque ela pode ser apresentada graficamente para a equipe de vendas.

Tome o total dos custos variáveis e divida-o pelo volume de vendas associados com estes custos. Isto deve resultar em uma fração menor do que o número 1. Subtraia esta fração de 1 e o resultado deve ser uma outra fração menor que um[1]. Divida seus custos fixos por esta

---

1 – O número resultante de 1 - (Custos Variáveis / Volume de vendas) é chamado de *contribuição marginal* e mostra a parcela do preço de vendas que contribui para o pagamento dos custos fixos e para o lucro, ou quanto uma unidade monetária adicional de vendas contribui para os custos fixos e o lucro. Se os custos fixos já tiverem sido pagos, toda esta parcela vai para lucros(N. do T.).

Quadro 11.1

Custos fixos; Custos variáveis; Custos totais

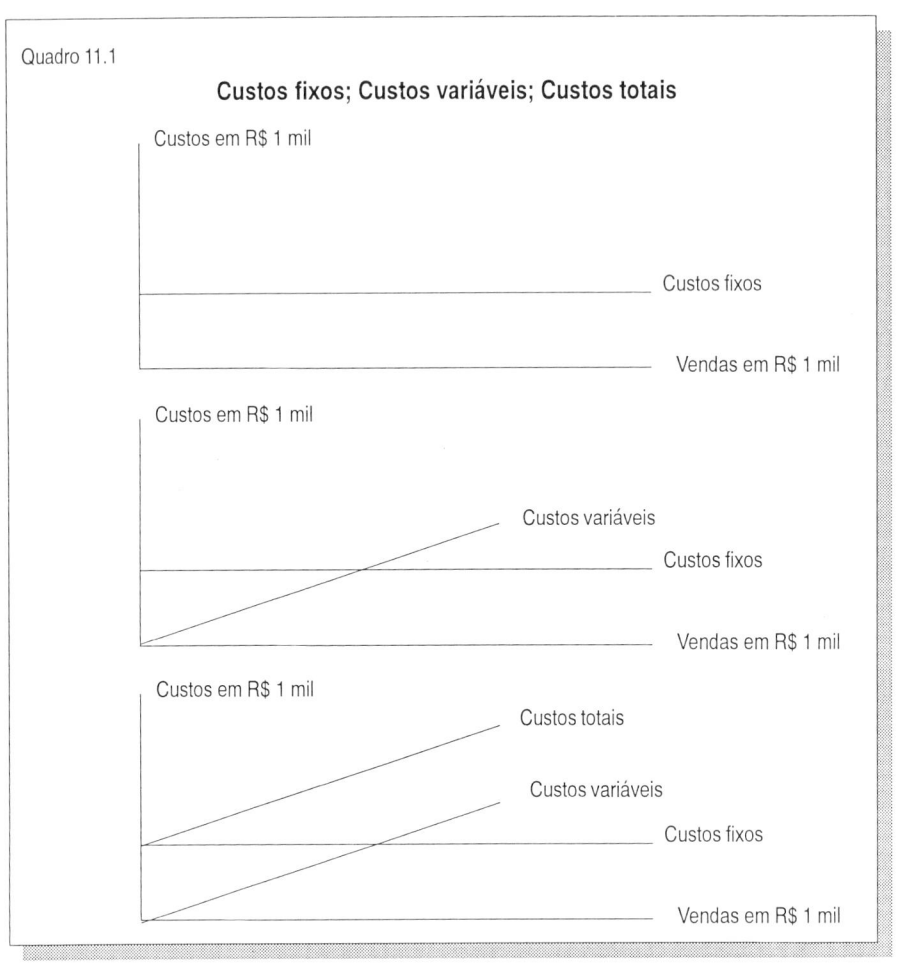

Gráfico 1: Custos em R$ 1 mil — Custos fixos (linha horizontal) / Vendas em R$ 1 mil

Gráfico 2: Custos em R$ 1 mil — Custos variáveis (linha ascendente), Custos fixos (linha horizontal) / Vendas em R$ 1 mil

Gráfico 3: Custos em R$ 1 mil — Custos totais, Custos variáveis, Custos fixos / Vendas em R$ 1 mil

última fração e o resultado será o seu volume de vendas do ponto de equilíbrio.

O que, de fato, foi feito? Quando o total de custos variáveis foi dividido pelo volume de vendas associado, a fração resultante posta em forma decimal é o número de centavos do custo variável incidente por unidade moeda de venda. Se os custos totais são, por exemplo R$ 3 mil e o volume de vendas associado é R$ 4 mil, a fração resultante é 0,75. Isto significa que para cada R$ 1,00 de venda, incidem 75 centavos de custo variável.

Quando subtraída de 1, a fração resultante é 0,25. Isto significa que para cada R$ 1,00 de vendas, 25 centavos estão disponíveis para cobrir os custos fixos. Se, neste exemplo, o total de custos fixos é R$ 900,00, dividindo esta soma por 0,25 resulta em um ponto de equilíbrio de

R$ 3,6 mil. Surpresa! O volume de vendas necessário para o equilíbrio é R$ 400,00 menor que o volume de vendas alcançado e a empresa é lucrativa. Se, no exemplo, os custos fixos fossem R$ 1,5 mil em vez de R$ 900,00, dividindo aquele número por 0,25 resulta em volume de ponto de equilíbrio de R$ 6 mil, ou R$ 2 mil mais do que realmente realizado.

Esta análise ajuda a explicar o fenômeno de correr mais e mais para ficar no mesmo lugar — muitas empresas pequenas nunca podem nem alcançar o ponto de equilíbrio porque seus custos fixos (juros, por exemplo) são altos demais.

Esquematicamente, você faz um gráfico para o ponto de equilíbrio como mostrado no Quadro 11.2. O Quadro 11.1 mostra como a linha de custos fixos junto com a linha de custos variáveis dá origem à linha de custo total.

Você pode ver que a análise é apresentada graficamente como no Quadro 11.2. Quando as vendas crescem para a direita, os custos sobem no gráfico. Mas os custos totais não começam em zero como as vendas, uma vez que há um componente de custos fixos de R$ 900,00, não importa quais sejam as vendas.

Esta apresentação gráfica é muito útil para avaliar em um relance "a tendência" ao longo do tempo. As vendas mensais podem ser representa-

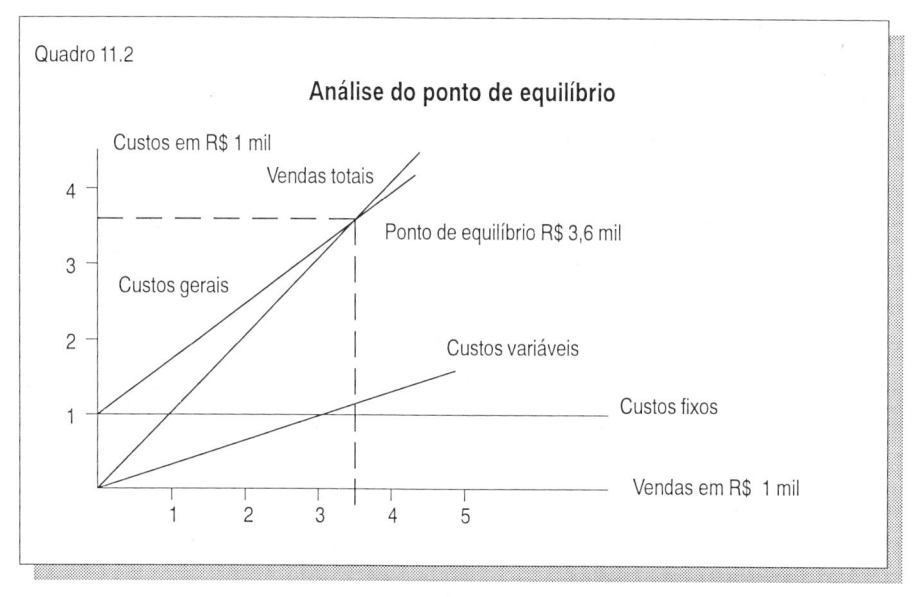

Quadro 11.2

Análise do ponto de equilíbrio

das graficamente sobre a linha de vendas totais e logo torna-se claro quando sua empresa vai alcançar o ponto de equilíbrio.

Faça uso das análises do ponto de equilíbrio

Aplicando-se a fórmula, obtém-se o resultado básico desejado — Assim você saberá qual deve ser o seu volume de vendas do ponto de equilíbrio, dadas suas condições de custos atuais ou suas previsões.

Mas isto é apenas onde a diversão começa se você quer fazer da fórmula do ponto de equilíbrio uma ferramenta de trabalho real. Por exemplo, os 25 centavos que sobraram depois que os custos variáveis foram tirados do R$ 1,00 de vendas não são apenas a contribuição para os custos fixos. Aqueles 25 centavos representam o valor do lucro a ser esperado de cada R$ 1,00 de vendas depois que o ponto de equilíbrio for atingido. No exemplo dado, o dono de empresa pode esperar receber um lucro de 25 centavos para cada R$ 1,00 de vendas acima de R$ 3,6 mil. Se ele projetar suas vendas para o período para R$ 9 mil, ele pode esperar ganhar cerca de R$ 1,35 mil em lucros. Se seus custos fixos perfazem R$ 1,5 mil em vez de R$ 900,00, ele pode ver que alcançará o ponto de equilíbrio com R$ 6 mil — e projetar lucros de R$ 750,00.

Aplicar a fórmula pode ser laborioso. As demonstrações financeiras convencionais variam em sua capacidade de apresentar os dados operacionais de um modo que responda algumas das mais importantes perguntas que você pode fazer.

Por exemplo, tome a fração:

$$\frac{\text{Custo Variável Total}}{\text{Volume de Vendas}}$$

Um comerciante de ovos em dificuldades financeiras estava convencido de que um aumento em seu volume de vendas de 3 milhões de dúzias para 4 milhões de dúzias de ovos ao ano resolveria seus problemas. Ele pensava que um aumento do volume era a resposta. O comerciante de ovos, olhando seu demonstrativo financeiro, viu que depois de subtrair o custo da mercadoria vendida, ele tinha uma margem de lucro bruto de cerca de 15%. O que ele não fazia idéia era que embutidos nas despesas gerais estavam itens, tais como despesas de transporte para levar os ovos ao mercado, salários dos motoristas, óleo combustível para aquecer os aviários e outras despesas diretamente variáveis. Quando todos os custos variáveis foram somados e colocados nas frações, o resultado final foi qualquer coisa parecida com o que se segue:

Custos Variáveis: R$1.050.000,00
Volume de Vendas: 950.000,00

$$\frac{\text{Custos Variáveis}}{\text{Volume de Vendas}} = 1,105$$

Para cada R$ 1,00 de vendas, estava incidindo um prejuízo direto antes dos custos fixos de 10,5 centavos. Um aumento no volume apenas afundá-lo-ia mais no buraco.

Os demonstrativos financeiros podem levar a falsas esperanças de outra maneira — que é exposta pela equação do ponto de equilíbrio. Um fabricante de tijolos olhando o seu demonstrativo financeiro viu que há alguns anos ele vinha perdendo cerca de R$ 20 mil por ano sobre um volume de vendas de mais de R$ 2 milhões. Ele estava convencido de que tal prejuízo relativamente pequeno podia ser corrigido por um esforço maior de vendas. Mas quando a fração do custo variável sobre vendas totais foi calculada, o resultado foi 0,93, significando que apenas 7 centavos estavam disponíveis para cobrir os custos fixos para cada R$ 1,00 de vendas. Para esta proporção, as vendas teriam de ser aumentadas em mais de R$ 285 mil apenas para atingir o ponto de equilíbrio, e em mais de R$ 570 mil para fazer um lucro de R$ 20 mil, em vez de prejuízo.

É bom ter uma boa parte de cada R$ 1,00 de vendas para aplicar aos custos fixos e ao lucro — mas o quanto isto é bom depende de quão altos são os custos fixos em relação às vendas. Muitas empresas têm margens sólidas mas ainda assim perdem dinheiro porque os custos fixos são altos demais em relação às vendas. Este tipo de problema é freqüentemente menos desesperador que aquele cujos custos variáveis são maiores que as vendas, mas em muitos casos os custos fixos são mais difíceis de reduzir do que os custos variáveis. Afinal das contas, o aluguel tem de ser pago, o banco tem de ser satisfeito, os prêmios de seguro vencem.

Os resultados da análise do ponto de equilíbrio ainda podem ser aplicados de outra maneira. Um importador de roupas estava vendendo em uma loja de varejo e por encomenda postal. O volume de encomenda postal era umas quatro ou cinco vezes maior que o da loja de varejo, e os donos estavam convencidos de que os lucros futuros situavam-se ali.

Entretanto, distribuindo custos e realizando uma análise de ponto de equilíbrio em cada parte do negócio após o primeiro ano, os donos fizeram uma surpreendente descoberta: a relação das vendas a varejo para o ponto de equilíbrio era 0,98. Em outras palavras, a operação de varejo estava a 98% do caminho para atingir o ponto de equilíbrio no primeiro ano. Mas a relação das vendas por encomenda postal para o ponto de equilíbrio era apenas 0,53 — isto é, apenas 53% do caminho para o ponto de equilíbrio. Estes resultados levaram a alguns importantes redimensionamentos quanto aos esforços.

Até agora, a maior ênfase foi sobre o volume de vendas necessário para atingir o ponto de equilíbrio sob uma declarada combinação de custos fixos e variáveis. As mesmas técnicas de ponto de equilíbrio podem ser extremamente úteis em responder perguntas "e se ...?" relativas a reduções de custo para um dado nível de vendas.

Por quê? Tome um exemplo onde:

Volume de vendas	= R$ 4 mil
Custos variáveis	= R$ 3 mil
Custos fixos	= R$ 900,00

O volume de equilíbrio era R$ 3,6 mil e para cada R$ 1,00 de vendas, 25 centavos estavam disponíveis para aplicar em custos fixos e lucros. Se os custos variáveis para o mesmo período forem reduzidos em R$ 100,00, a equação é a seguinte:

$$\text{Ponto de equilíbrio} = \frac{R\$\ 900{,}00}{1 - \frac{2.900{,}00}{4.000{,}00}} \text{ ou } R\$\ 3{,}272\text{ mil}$$

Entretanto, se os custos fixos forem reduzidos em R$ 100,00 para o mesmo período, a equação do ponto de equilíbrio será:

$$\text{Ponto de equilíbrio} = \frac{R\$\ 800{,}00}{1 - \frac{3.000{,}00}{4.000{,}00}} \text{ ou } R\$\ 3{,}2\text{ mil}$$

Por que o ponto de equilíbrio muda mais no caso dos custos fixos serem reduzidos do que no caso de serem reduzidos os custos variáveis? Reduzir os custos variáveis em nosso exemplo em R$ 100,00 apenas, aumenta o valor que sobra em cada R$ 1,00 de vendas para aplicar em custos fixos e lucros em 2,5 centavos. Reduzir os custos fixos em R$ 100,00 libera 25 centavos de cada R$ 1,00 de vendas para cada R$ 1,00 de redução de custos fixos.

Ao preparar o orçamento ou a previsão, a análise do ponto de equilíbrio é um dispositivo simples e rápido para experimentar estratégias alternativas. Despesas de publicidade são um bom exemplo. A publicidade pode ser tratada como um custo fixo ou variável, dependendo da estratégia adotada pelo dono da empresa. Se ele decidir que as despesas de publicidade no ano seguinte vão ser de R$ 5 mil qualquer que seja o resultado de vendas, então elas serão fixas. Por outro lado, se R$ 100,00 serão gastos por mês para cada R$ 10 mil de vendas do mês anterior, então os custos de publicidade serão variáveis.

Embora seja difícil estimar o impacto sobre as vendas de uma campanha de propaganda proposta, empregando a análise do ponto de equilíbrio você pode estimar que aumento adicional de vendas deve resultar de um aumento nas despesas, a fim de justificar os custos adicionais de publicidade.

Tome nosso exemplo novamente. Se o dono da empresa quiser correr o risco do aumento de vendas necessário para justificar uma despesa adicional de publicidade de R$ 100,00, as despesas fixas serão transformadas em R$ 1 mil.

Inserindo os resultados na fórmula dá um novo resultado, de R$ 4 mil, para o ponto de equilíbrio. Uma vez que o ponto de equilíbrio tinha sido R$ 3,6 mil, pelo menos R$ 400,00 em vendas adicionais devem ser gerados apenas para ficar equilibrado.

Observe que outras considerações entram na decisão sobre publicidade. A abordagem do ponto de equilíbrio é apenas uma ferramenta, não uma máquina de tomar decisões.

Tudo isto volta a uma afirmação anterior: decidir se um custo é fixo ou variável obviamente faz diferença. Entretanto, muitos anos de experiência na aplicação da análise do ponto de equilíbrio levam à conclusão de que a recomendação feita no início ainda é a melhor. Ou atribua rápida e arbitrariamente um dado custo a uma categoria, ou some todos estes custos semivariáveis e atribua metade a cada categoria.

E a longo prazo, esteja atento a um ponto importante. Os custos fixos não permanecem fixos para sempre, ou através da série inteira de possíveis volumes de vendas. Quando as vendas crescem bastante, é necessário mais espaço e o aluguel sobe. Quando as entregas se tornam mais numerosas, novos caminhões podem ser necessários e seu custo subirá também.

Ao contrário, se as vendas caírem bastante, uma secretária será suficiente onde duas já foram necessárias, os salários do escritório caem, ativos fixos podem ser vendidos para liquidar dívidas. E assim por diante — estes não são fixos para sempre.

Colocado da maneira mais simples, a análise do ponto de equilíbrio é um instrumento poderoso para analisar seu negócio e ajudá-lo a tomar as decisões certas para sua empresa. Mas como todos os instrumentos, ela só é eficaz se usada cuidadosamente pela pessoa certa na área certa.

Relacionando custos fixos e variáveis aos níveis de venda, a análise do ponto de equilíbrio também o ajudará a focalizar os aspectos de sua empresa que você pode afetar — e o ajuda a aceitar os custos sobre os quais você tem pouco ou nenhum controle. Colocando estes itens em perspectiva, você pode mais facilmente evitar decisões precipitadas, identificar as estratégias mais sensatas para sua empresa seguir e fazer um melhor trabalho de gerenciamento.

Como classificar os custos

O seguinte exemplo oferecido de classificação de custo é baseado em um trabalho real de consultoria para um restaurante.

O consultor usou uma abordagem rápida e arbitrária para designar os custos semivariáveis às suas categorias fixa ou variável em vez do outro método recomendado de somá-los, dividir o total por 2 e fazer a designação.

Custo de alimento : Variável

Custo de bebida : Variável

Ordenados e salários : (Não incluindo a retirada do dono): Variáveis. Apesar de que há algum componente fixo para estes, pois alguém deve estar disponível quando o restaurante está aberto mesmo que não apareçam clientes, a maior parte do pessoal trabalha meio-período, assim os salários estão bem diretamente ligados ao volume de negócio.

Impostos sobre a folha de pagamento: Variáveis. Eles estão ligados aos ordenados e salários.

Aluguel: Fixo para qualquer período contábil razoável.

Publicidade: Variável. Para o dono da empresa a relação é inversa: quando as vendas estão baixas, a publicidade é aumentada; quando as vendas sobem, ele reduz este custo.

Utilidades: Custo fixo. A não ser que haja uma considerável mudança nas horas em que o restaurante ficar aberto, ocasionada, talvez, por uma sensível mudança no volume de vendas, as utilidades básicas são independentes do volume. Os fornos, por exemplo, devem estar quentes — e o edifício deve manter o ar condicionado ou a calefação funcionando, havendo dois ou duzentos clientes.

Depreciação: Custo fixo. Este pode mudar se ativos são adicionados ou liquidados.

Juros: Custo fixo.

Consertos e manutenção: Custo fixo, embora em muitas operações deste tipo sejam considerados variáveis.

Licença para vender bebidas: Fixo.

Remoção de lixo: Neste caso, fixo. A retirada acontece duas vezes por semana, sob contrato — em muitos outros restaurantes onde a retirada é paga por latão, o custo é variável.

Viagens: Fixo. De fato, os resultados de fim de ano vão dizer se o dono da empresa vai a uma luxuosa convenção do ramo turístico; nos últimos dez anos ele foi.

Louças e cristais: Variável. A quebra é diretamente relacionada com os níveis de vendas.

Seguro de grupo: Variável. Ligado a salários e ordenados.

Contribuições: Fixo. Mas você pode apostar que elas cairão no próximo ano se este ano for ruim.

Despesas com veículos: Fixo. Este restaurante não faz entregas e o carro é um benefício extra para o dono.

Seguro: Fixo. Em muitos casos, certos prêmios estão ligados ao volume de vendas e seriam um custo variável.

Honorários de consultoria: Fixo

Jurídico e contabilidade: Fixo. Se alguém movesse uma ação, este poderia subir — mas é independente do volume.

Telefone: Fixo. Para uma operação diferente poderia ser variável.

Música e entretenimento: Fixo. Não importa quantas pessoas estejam no ambiente, o dono provê entretenimento duas noites por semana.

Plano de ação para:
"Análise do ponto de equilíbrio"

- ❏ Reavalie quais custos são fixos e quais são variáveis em um determinado momento e num conjunto razoavelmente constante de circunstâncias.
- ❏ Veja como pode distribuir os custos semivariáveis.
- ❏ Calcule o volume no ponto de equilíbrio dividindo os custos fixos por 1, menos os custos variáveis divididos pelo volume de vendas.
- ❏ Represente seus resultados mensais em um gráfico para que você possa avaliar a tendência durante o período.
- ❏ Coloque em ação os conhecimentos que tem: por exemplo, reduzir custos fixos se necessário, dar aos aspectos mais lucrativos de seu negócio a atenção que merecem e testar estratégias alternativas quando você estiver fazendo previsões ou preparando o orçamento antes de agir.

12

Estratégias de preços

Uma vez que você sabe que volume de vendas é necessário para sua empresa empatar financeiramente, você estará pronto para fixar sua atenção no estabelecimento de preços. Definir preços requer um delicado senso de equilíbrio. Eles não apenas têm de fazer lucro, como devem também atrair clientes. Seus preços devem ser competitivos ou seus clientes o abandonarão, a menos que você possa oferecer outros atrativos que não preços, tais como: economia de tempo, serviço pessoal ou destaque de qualidade e confiabilidade. Seus preços devem ser suficientemente altos para cobrir todas suas despesas operacionais e de vendas. Elas incluem suas despesas gerais — tais como aluguel, seguro, pagamento de juros — bem como seus custos variáveis, tais como despesas diretas com vendas, comissões de venda, custos de manutenção de estoque e assim por diante. O mais importante: seus preços devem gerar um lucro razoável. Não se venda a preço baixo nem as mercadorias que você tem para oferecer — pague-se bem pelo seu tempo.

Ao estudar sua fixação de preços, atribua-lhes, sempre que possível, uma quantidade definida. "Mais lucro" não é uma quantidade definida. "Aumentar a margem bruta de 38,6% para 40,4%" já o é. Uma vez que seus objetivos estão claros, você pode trabalhar para alcançá-los.

Planejar uma estratégia de preços é (como você sabe) um assunto complexo que requer atenção dobrada e cuidadosa ponderação. Numerosos fatores afetam seus preços — dos custos de manutenção de estoques aos métodos de compra e à localização. E uma vez que você chegou a uma estratégia de preços racional, você tem de fazê-la funcionar — e mantê-la assim. Os passos delineados neste capítulo tornarão sua tarefa mais fácil.

Quatro maneiras de fixar preços

Como você vai fixar o preço correto para suas mercadorias e serviços? É provável que você seguirá pelo menos uma destas quatro maneiras:

1. Fixação pelo custo total
2. Margem de lucro flexível
3. Margem bruta
4. Valor sugerido ou corrente

Destes quatro métodos, o mais amplamente usado é a fixação do preço por custo total, também chamado custo corrigido[1] ou percentagem sobre o custo. O mais realístico dos métodos de fixação do preço, entretanto, contém elementos de todos os quatro.

O propósito deste capítulo é ajudá-lo a identificar a faixa de preços para seus produtos que combine com seus planos de marketing, sua estrutura de custos, suas restrições de produção/distribuição e sua posição competitiva. As seis etapas para a fixação dos preços são as mesmas para todas empresas. Há diferenças substanciais, naturalmente, entre as preocupações enfrentadas por um fabricante e aquelas de um distribuidor atacadista — mas os conceitos são os mesmos.

Basicamente, sua estrutura de preços deve satisfazer vários interesses aparentemente conflitantes. Eles devem cobrir seus custos diretos ou variáveis. Por exemplo, o material e a mão-de-obra utilizados para produção, a embalagem, custos de expedição e frete ligados diretamente ao volume de vendas devem ser cobertos. Despesas gerais (ou custos fixos), tais como aluguel, seguro, pagamentos de juros, e assim por diante, também devem ser cobertos. Se ambos os seus custos diretos e de despesas gerais não forem cobertos, então sua estrutura de preços apresenta problemas.

Em muitas empresas, a falta de atenção para importantes áreas de custo podem levar a vender mercadorias ou serviços com prejuízo. Se

---
1. Custo de fabricação + lucro (N. do T.).

você estiver perdendo R$ 1,00 em cada venda unitária, então o aumento de vendas apenas aumentará ainda mais as suas dívidas — um problema muito mais comum do que muitas pessoas imaginam. Seus preços devem prover lucro. Mais cedo ou mais tarde a sua empresa resistirá ou sucumbirá quanto à sua capacidade de gerar lucros operacionais de modo consistente. Se as receitas não excederem os custos, é extremamente difícil justificar a continuação de uma empresa.

O dilema clássico é escolher demanda alta e preços baixos ou preços altos e demanda baixa. Preços baixos tendem a aumentar a participação de mercado às expensas do lucro, enquanto preços altos tendem a reduzir a participação de mercado e correm o risco de colocar o produto ou serviço inteiramente fora do mercado. Equilibrar esses conflitos requer cuidadosa atenção aos custos, objetivos de marketing, sensibilidade dentro do preço no mercado e um grande número de outros fatores. Ao passar dos objetivos de preços para a real estratégia de sua determinação, de, você geralmente terá estabelecido uma faixa de preços possíveis na qual o menor preço representa o valor mínimo para cobrir seus custos e o preço máximo representa o valor estabelecido para o comprador.

O valor estabelecido para o comprador é um importante conceito de determinação de preço. O preço que você coloca em um produto inclui qualidade, distribuição, crédito, garantias e vários outros fatores nada menos do que óbvios que aumentam ou diminuem o valor de seu produto ou serviço visto pelo mercado.

O valor estabelecido está diretamente ligado à imagem que sua empresa projeta. Isto é particularmente importante para empresas de informação ou orientadas para serviço que vendem bens "intangíveis". Considere a situação de uma agência de publicidade. A agência precisa convencer os clientes de que tem o know-how e a informação necessários para concretizar uma venda e uma imagem de produto bem-sucedidas. O cliente deve reconhecer que algo intangível, como um logotipo, vale realmente um pagamento considerável, e que imagem e publicidade são vitais para as vendas. Uma boa remuneração por hora, em vez de afastar os clientes potenciais, pode criar uma imagem de qualidade e habilidade profissionais.

$$\text{Preço} = \text{Imagem} + \text{Serviço} + \text{Produto}$$

Aqui está um exemplo desta fórmula. Você pode comprar uma bicicleta de maneiras diferentes. Você pode ir a uma loja de descontos e comprar uma bicicleta desmontada em uma caixa. Você pode não saber se a bicicleta vai atender às suas necessidades, se as peças sobressalentes estarão disponíveis, se necessárias, e terá o problema de ir para casa e montá-la você mesmo sem nenhuma ajuda além das ferramentas que tem em casa, sua própria engenhosidade e uma série de instruções incompletas. (Conhecemos um mecânico improvisado que comprou e tentou montar uma bicicleta. Mais tarde e com muita vergonha, ele levou-a até uma loja de bicicleta com serviço completo e pagou a eles para livrá-lo dessa sua tentativa). Comprando coisas desse jeito, você pode estar lidando com um produto inferior ou abaixo do padrão, serviço não existente e uma imagem que não transmite status.

Por um preço ligeiramente mais alto, você pode ir à loja de ferragens ou de departamentos local e comprar uma bicicleta de marca, completamente montada, talvez com uma garantia de um ano. Você seria poupado do esforço de montar a bicicleta e teria a segurança de saber que, se perdesse uma peça, poderia conseguir uma reposição. Aqui o produto e a imagem são talvez de melhor qualidade, embora o serviço possa ainda ser inadequado.

Ainda uma outra possibilidade seria ir a uma loja especializada em bicicletas. Em tal loja você receberia orientação especial sobre a melhor bicicleta para suas necessidades particulares, como mantê-la na melhor condição possível, talvez uma possibilidade de troca com sua bicicleta antiga e alguma indicação do valor de troca se suas necessidades mudarem. Um departamento de serviço completo com mecânicos treinados aliviaria preocupações sobre manutenção futura. Ademais, você receberia informações sobre clubes de ciclistas, passeios pitorescos na sua área e sobre uma variedade de orientações personalizadas. Estes serviços extras e a imagem de loja especializada justificam preços mais altos.

É bem possível que você possa comprar a mesma bicicleta nesses três lugares por três preços bem diferentes e ainda ficar muito satisfeito com cada um. O valor estabelecido para você inclui os intangíveis de serviço e especialização da loja.

A natureza do produto pode ser a mesma. Se houver produtos substitutos, ou marcas diferentes, então as comparações tendem a ficar embaçadas. Mas ao comparar produtos ou serviços a seus equivalentes, algumas regras servem para guiar sua estratégia de preços: 1) altas margens e alta diferenciação de produto andam juntas; 2) margens baixas e produtos com pouca ou nenhuma diferenciação de produto andam juntas. Por exemplo, há considerável diferenciação de produto entre automóveis de luxo, tais como Mercedes e Cadillacs e, conseqüentemente, as margens são amplas. Não há quase nenhuma diferenciação entre pacotes de flocos de milho. Não é de surpreender que produtos não diferenciados, tais como flocos de milho, apresentem pequenas margens de lucro, uma vez que há pouco para ajudá-lo a escolher entre um floco de milho e outro.

Um fabricante esperto pode justificar preços mais altos orquestrando uma imagem de qualidade com o uso de publicidade e embalagem. Por exemplo, itens de marca conhecida freqüentemente têm apelo pretensioso, enquanto mercadorias "sem nome" apelam à pessoa que compara preços.

Considere a elasticidade de preço de sua indústria. Se um pequeno aumento de preço causa uma grande queda nas vendas unitárias, diz-se que o preço é elástico. Se uma alta elevação de preço leva a uma pequena queda nas vendas unitárias, então o preço é dito inelástico. As federações das indústrias freqüentemente realizam estudos de elasticidade de preço, pois a informação é obviamente muito importante para qualquer um que planeje mudanças em sua estratégia de preços. Se sua indústria realiza tais estudos, procure tirar vantagem disto. Se você não está ligado a uma federação das indústrias ou se sua associação não realiza testes de elasticidade de preço, talvez você queira executar um teste em pequenos segmentos de seu mercado.

Você pode realizar isto informalmente fazendo aos seus clientes perguntas como: "Se nós aumentarmos o preço, você ainda comprará?" Peça aos seus clientes para preencher um cartão de resposta. Dê-lhes um pequeno prêmio pelo tempo despendido. Isto lhe dará uma idéia de como os clientes julgam seu produto.

Formalmente, você pode conseguir orientação ou ajuda especializada em teste de mercado da maioria das escolas de administração de empresas. Ou sua associação de classe provavelmente terá informações sobre como conduzir um teste de mercado. (Para localizar uma associação apropriada, nos EUA, veja *The Encyclopedia of Associations,* publicada por Gale Research Company, Book Tower, Detroit, Michigan 48226).

Conduzir um teste de mercado pode ser custoso, mas muito menos dispendioso a longo prazo do que descobrir subitamente que suas vendas se evaporaram e que você se colocou completamente fora do mercado com seus preços (ou menos drasticamente, que você é o último a levantar os preços, e que sua política de preços de sacrifício não lhe acrescenta qualquer parcela do mercado).

Ao ignorar a variação de preços, você arrisca colocar-se fora do mercado. Você pode conseguir um bom cliente e acreditar que você o tem preso aos seus serviços. A ganância se instala. Os preços aumentam e perde-se o cliente. Aferre-se a uma estratégia consistente de marketing e de preços e avise antecipadamente aos clientes sobre aumentos legítimos de preços.

Todas as estratégias de preços acabam sendo estratégias competitivas de preços. Seu objetivo deve ser, pelo menos, manter a participação de mercado e ao mesmo tempo melhorar os lucros.

Como você satisfaz todos estes aspectos? Seguindo o processo detalhado abaixo passo a passo.

Identifique os objetivos de determinação de preços

Os objetivos globais de sua empresa têm um efeito direto sobre seus objetivos de fixação de preços.

O caminho mais direto para uma política realística de fixação de preços é estabelecer objetivos mensuráveis de vendas para um período claramente definido de tempo. Não importa muito se você expressa as vendas em unidades ou valor bruto, mas sim que os objetivos sejam estabelecidos em termos de tantas unidades ou tanto valor de vendas por mês. Em muitos casos, os objetivos de vendas devem ser fixados ainda mais rigorosamente. Para negócios sazonais, como os que se especializam em períodos breves de vendas (algumas lojas especializadas, empresas de hotelaria sazonal, muitas empresas agrícolas ou relacionadas com a agricultura), pode ser importante estabelecer objetivos diários de vendas. Sua experiência é o melhor guia para suas próprias necessidades — nos seus esforços de planejamento empresarial estes objetivos serão ordinariamente declarados de forma bem ampla.

Os objetivos mais comuns são definidos em termos de valor de vendas, vendas unitárias e lucro. Eles devem ser detalhados por linha de produto e, se possível, por produto.

Uma pequena empresa vendia rosquinhas nutritivas feitas de germe de trigo, trigo integral e mel que não absorvia banha ao fritá-las. Era barata e simples de fazer, com altas margens de lucro. Os responsáveis pela empresa receberam excelente orientação de sua escola de administração local sobre como conduzir um teste de mercado. Cada cliente recebeu uma caixa de rosquinhas grátis para preencher um formulário simples. As perguntas eram básicas: Por que você comprou este produto? Pelo seu valor nutritivo? Pela embalagem? Que tamanho de pacote você prefere? Quando você faz suas compras?

Os resultados? Eles descobriram que as pessoas pagariam um alto valor por um produto natural. Mostravam-se dispostas a comprar um pacote de tamanho médio (o pacote pequeno desaparecia rapidamente demais, os grandes ficavam velhos). Como era um produto natural sem conservantes, era necessário saber quando as pessoas faziam as suas compras para lidar com as restrições de data de validade do produto.

O lucro total que você ganha por produto provém da multiplicação do número de unidades vendidas pela contribuição em valor por unidade monetária. A contribuição em valor por unidade monetária pode ser difícil de estabelecer em uma base de produto, uma vez que envolve informações detalhadas de custo e preço. No caso mais simples, você calcularia a contribuição em valor por unidade unitária subtraindo os custos associados à venda daquela unidade (incluindo uma parcela dos custos de despesas gerais) do preço por unidade. Uma vez que a maioria das empresas tem grande dificuldade em obter essa informação, uma prática mais comum é concentrar-se sobre o volume de vendas, que lhe permite juntar todas as despesas e trabalhar diretamente com sua projeção de lucros e perdas. O volume de vendas calcula-se multiplicando o número de unidades vendidas pelo preço. O problema de se trabalhar com o volume de vendas em vez de fazê-lo com o lucro total é que é bem possível que partes de sua linha de produto façam você perder dinheiro enquanto outras partes são as lucrativas.

Os donos de restaurante, para seu desapontamento, algumas vezes descobrem que perdem dinheiro com a comida, enquanto fazem lucro com a venda de bebida alcoólica. Um departamento de serviço completo em uma loja de varejo pode não ser lucrativo em si, mas isto pode ser superado pelas vantagens de vendas de consertos rápidos na loja.

Além do mais, os objetivos de crescimento do volume de vendas, freqüentemente podem entrar em conflito com os objetivos de crescimento dos lucros. Por razões de marketing, pode ser muito mais importante sacrificar os lucros a curto prazo pelo crescimento a longo prazo da participação de mercado, estabelecer sua empresa em novos mercados ou introduzir novos produtos. Maior volume de vendas nem sempre leva a maiores lucros.

A dificuldade em estabelecer objetivos muitas vezes pode ser superestimada. A maioria dos donos de empresa equilibram facilmente estes interesses — mas se você está ciente de como eles interagem e como lucros e volume de vendas podem afetar sua empresa, então você estará bem à frente de seus concorrentes.

Estabeleça faixas de preços

Não há método mecânico para estabelecer o preço ideal para seus produtos ou serviços. Há muitas forças externas que afetarão o "preço ideal," e há dúvidas sobre se um preço ideal pode ser mesmo definido. A abordagem quanto à fixação de preço pelo bom senso requer que você estabeleça faixas de preço por produto ou serviço.

A base da faixa de preço pode ser estabelecida realizando uma análise simples de ponto de equilíbrio. O ponto de equilíbrio representa o nível de vendas de acordo com o qual sua empresa nem lucra nem tem prejuízo. Determinar o volume de vendas do ponto de equilíbrio pode ser difícil, particularmente se você tem produtos vendidos a preços diferentes com uma quantidade de custos variáveis e flutuantes.

Outra abordagem é estimar o número de unidades a serem vendidas e, em seguida, experimentar com diferentes preços para ver quantas unidades a diferentes preços são necessárias para cobrir suas despesas fixas. Uma importante parte deste cálculo envolve giro do estoque. Quantas vezes o seu estoque médio cabe dentro de seu custo anual de mercadorias vendidas? Se seu estoque médio é de R$ 50 mil e seu custo anual de mercadorias vendidas é de R$ 300 mil, então dir-se-ia que você girou o estoque seis vezes. Saber quantas vezes o seu estoque gira é particularmente útil se você tem vários produtos que giram a velocidades diferentes. Mais uma vez, você pode ficar atolado em detalhes se tentar calcular faixas de preços na base de item por item.

No outro lado da escala está o número nebuloso muitas vezes descrito como: "o que o mercado suporta". Seus clientes não pagarão mais do que devem pelos seus produtos ou serviços. A percepção deles do valor de seu produto ou serviço estabelece um limite superior de preço muito eficaz.

Esta é uma das áreas onde seus objetivos a longo prazo devem ser seriamente ponderados. Pode ser possível cobrar um preço muito alto por mercadorias ou produtos para atingir altos lucros a curtíssimo prazo — por exemplo, pense na prática de ingressos de cambistas para o *Super Bowl*[2]. Com um produto em oferta muito limitada, com um valor entendido como muito alto, um cambista pode fazer um lucro substancial — mas se ele deseja manter um relacionamento a longo prazo com os clientes, isto é, se ele planeja tornar-se uma agência legítima de ingressos, a estratégia de preço terá de mudar.

Como você pode determinar o limite máximo? Você pode experimentar.

É muito mais comum cobrar barato por mercadorias e serviços do que cobrar caro por eles; por exemplo, uma empresa que conhecemos estava cobrando aos grandes clientes corporativos R$ 750,00 por ano por um serviço que, 12 meses mais tarde, estava sendo comercializado tão facilmente quanto antes por R$ 6 mil para os mesmos clientes. Mesmo sendo oito vezes mais difícil vender o serviço, por R$ 6 mil os lucros teriam sido os mesmos ou maiores ao preço mais alto. O custo de servir um cliente especial é muito menor do que abastecer muitos clientes pequenos.

O propósito de estabelecer uma faixa de preço é capacitar você a fugir dos preços irracionais impostos por seus concorrentes. Baseie as faixas de preço em sua percepção de valor do que você vende, sua necessidade de manter a lucratividade operacional e os objetivos da empresa. Tal política pode estar muito mais sob seu controle do que você poderia esperar.

Defina a estratégia competitiva de preço

É tempo de voltar às quatro maneiras mais comuns de fixação de preço, que são todas projetadas para colocar você em uma posição com-

---

2 - Campeonato anual da Liga de Futebol Americano (N. do T.).

petitiva e vantajosa. A abordagem do bom senso usa elementos de todos os quatro métodos. Se você compreender todos eles, é possível selecionar cuidadosamente o melhor método para sua empresa a qualquer momento.

1. Fixação pelo custo total

Se você pode identificar todos os seus custos operacionais, tudo o que necessita fazer é distribuí-los para os custos da mercadoria, adicionar um número preestabelecido para lucro e ajustar os preços. Se todos os custos são levados em consideração e for adicionado um lucro, e supondo que você está atingindo seus objetivos de vendas, você tem de ganhar dinheiro.

Há dois pontos fracos neste método. A mercadoria deve ser vendida, e em quantidade suficiente para levar você além do ponto de equilíbrio. Uma política de preços rígida, tal como a do custo total, sofre do mesmo problema de qualquer abordagem rígida: ela ignora os efeitos de um mercado em mudança, instável.

A grande vantagem do preço por custo total é que ele simplifica a decisão de preço. Você ou seu contador apresenta o momento dos custos e decide quanto lucro você gostaria de ter (presumivelmente o nível de lucro é realista — nós admitimos que o objetivo de lucro não é baseado em ilusão).

Muitas empresas afirmam calcular seus preços na base de custo total. Bem poucas realmente o fazem. Entretanto, ele provê uma diretriz, e muitos donos de empresas usam a abordagem do custo total como um método para estabelecer ou delimitar as faixas de preço.

2. Margem de lucro flexível

O sistema da margem de lucro flexível é menos rígido que a abordagem do custo total e é particularmente útil durante períodos de preços em rápida mudança. Para utilizar o método flexível, você deve determinar se suas mercadorias ou serviços são sensíveis aos preços. Se o preço for inelástico, então seja corajoso na sua determinação de preços. Se seu mercado for sensível a variações de preço, então você deve ser muito mais cauteloso. Diferente do método do preço fixo, o método flexível lhe permite experimentar várias técnicas de marketing, tais como artigos em oferta para atrair clientes (onde você vende certas mercadorias ou serviços a preços reduzidos a fim de fazer os clientes comprarem outros produtos ou serviços), diferentes estruturas de preços para linhas de produtos diferentes a fim de prover uma ampla faixa de opções para seu cliente, ou usar preços para diferenciar produtos semelhantes. Não é nada incomum fabricantes comercializarem produtos idênticos para mercados diferentes a preços radicalmente diferentes. O método de custo total para a fixação de preços tende a excluir este tipo de marketing.

Lembre-se de que seu objetivo é gerar lucros operacionais. Entretanto, se você está vendendo um produto que de repente se torna obsoleto, você pode querer vendê-lo com um grande prejuízo para tirá-lo do catálogo e liquidar seu estoque (Lembra-se do bambolê?).

Um produto ou serviço da moda ou de vida curta em alta demanda deve ser tratado cuidadosamente. Tire vantagem de uma tendência em seus estágios iniciais e lucrativos. Um grande estoque de mercadoria tecnicamente antiquada ou novidade que não gira, não importa quanto você baixe seus preços, pode danificar uma empresa. Um empresário, durante a febre do patim de rodas, comprou uma fábrica inteira de patins de rodas metálicas, apenas para ter suas fantasias sobre o futuro desfeitas pelo advento das rodas de plástico. Mais uma vez, um método de preço flexível lhe permite entregar rapidamente um produto.

O perigo do método flexível é que na caça às vendas, os lucros podem ser perdidos ou jogados fora. Freqüentemente surge discordância entre o pessoal de produção e o de vendas sobre o método de preço flexível. O pessoal de vendas quer prometer ou ofertar alguma coisa para atrair mais clientes, enquanto a produção insiste em preços mais altos, desejando evitar servir a contas não lucrativas ou cumprir promessas não realistas de representantes de vendas ansiosos. O método do custo total evita cair abaixo de uma faixa aceitável de lucratividade (supondo-se que o produto pode ser vendido). O método flexível é freqüentemente abusivo, e a fim de manter as quotas diárias de vendas, as mercadorias em promoção são vendidas às centenas enquanto as lucrativas ficam nas prateleiras.

3. Margem bruta

A fixação de preços pela margem bruta pode ser calculada de dois modos. Para a elevação de preços, calcule uma percentagem do seu custo de venda por atacado e adicione de volta sobre seu custo da venda por atacado para estabelecer o custo de venda. A margem de lucro refere-se a uma percentagem do preço de varejo que a margem bruta representa.

A abordagem da margem bruta leva em conta os custos operacionais e os fatores de mercado. Como no método do custo total, o objetivo da estratégia de preço somente será alcançado se for gerado suficiente volume de vendas. Geralmente, margens diferentes serão aplicadas a produtos diferentes. Isto dá mais flexibilidade do que é possível com o método do custo total. Se você sabe quais itens são sensíveis a preço e quais não são, e se você pode variar o preço de acordo, seus lucros serão certos. Se você quer estabelecer um preço regular como um guia para as decisões de preço, não use como um método rígido — porque os métodos rígidos tendem a aprisioná-lo em estruturas de preço que podem não ser realistas a longo prazo.

Se você tem um martelo que custa R$ 4,85 e aplica 60% de elevação de preço, o preço de varejo desse martelo será R$ 7,76. Este preço também representa uma contribuição para a margem bruta ou uma fixação em 37,5%.

Muitos gerentes usam fixação de preço pela margem bruta para estabelecer um piso de preço. Se você, em muitas ocasiões precisar de uma margem bruta de 37,5% (por exemplo), aquele número de R$7,76 provavelmente não será adequado. Entretanto, ele evitará uma gritante subvalorização de preço e proporcionará um ponto de partida para uma série adicional de questões. Para cada item, pergunte-se se ele terá giro rápido ou lento, se há um risco de que ele não tenha venda nenhuma e qual seria o preço máximo desse item para o seu mercado. Cada empresa tem um modo diferente de colocar perguntas apropriadas para sua linha de produto ou de serviço. Dependendo do resultado de sua análise, o preço final que você põe no seu produto deve ser movido para cima ou, em casos raros, para baixo do piso estabelecido pelo método da margem bruta.

4. Valor sugerido ou corrente

A fixação de preço pelo valor sugerido ou corrente é o método mais simples de fixação de preços. É também o menos satisfatório, uma vez que não considera o custo da estrutura que você tem. Se sua empresa tem uma estrutura de custos que se aproxima das médias das empresas, então a fixação pelos preços sugeridos ou correntes produzirá lucros apenas medíocres — supondo que a empresa em si seja lucrativa.

Uma vez conhecidos os padrões tradicionais de alta de preços da sua empresa, você deve determinar se pode ficar no negócio dentro des-

> **Quadro 12.1**
> **Diretrizes para a faixa de preços**
>
> Item _____
> Faixas de preços $ _____ a $ _____
> 1. Preço base
>   • Margem bruta é _____ % do preço de varejo
>   • O preço sugerido do fabricante é _____
>   • Os custos fixos são _____ Os custos variáveis são _____
>   • O ponto de equilíbrio é _____
> 2. As considerações especiais para o preço deste produto ou serviço são :
> ❏ serviço
> ❏ status
> ❏ qualidade superior
> ❏ uso promocional
> ❏ demanda/vida do produto
> ❏ despesas gerais
> ❏ tempo de manutenção
> ❏ posição competitiva
> ❏ custos de penetração de mercado
> 3. Taxa de giro é _____ vezes por ano
> 4. A média da indústria é _____
> 5. A taxa corrente é _____
> 6. Eu estimo que _____ unidades serão vendidas
> 7. O preço máximo possível é _____ (Suponha a aceitação de valor do cliente)
> Comentários: _____
> _____

tas margens estabelecidas. Antes de seguir a fixação de preços pelos valores correntes, verifique primeiro se as vendas serão suficientes com estes preços para cobrir todas as despesas de vendas e operacionais e produzir um lucro razoável.

Este tipo de método de fixação de preço coloca você em uma posição de seguidor: Você tem de olhar e ver o que outras pessoas estão fazendo antes de estabelecer seus preços, então você fixa os seus, mas sempre depois que a concorrência tiver estabelecido os dela.

Seguir a liderança da concorrência economiza certa burocracia para você, mas sugerimos que utilize este expediente apenas como um suplemento de outros métodos. Se seus preços estão muito distantes dos da concorrência, é sua vantagem estar ciente das variações e das suas razões. Muitas empresas seguem os preços sugeridos pelos fabricantes ou agem como se estivessem jogando "siga o líder", e passam a maior parte de seu tempo observando uns aos outros antes de tomar qualquer medida. Ser um líder pode render-lhe grandes dividendos. Como um seguidor, o melhor que você pode ganhar são lucros comuns.

A estratégia de preços competitivos que renderá mais a longo prazo é a que tira vantagem dos pontos fortes de todos os quatro métodos possíveis de fixação de preço. Usando os métodos do custo total e da margem bruta para estabelecer os preços mais baixos que você pode suportar, enquanto mantiver a flexibilidade de um sistema de alta de preços flexível, você evitará ficar preso a uma estrutura de preço rígida, mecânica. Se você ficar de olho na concorrência e nos preços sugeridos pelos fabricantes, onde for pertinente, e em todos os casos tiver em mente sua própria estrutura de custo, você deve ser capaz de estabelecer faixas de preço ótimas para seus produtos.

Considere o impacto das linhas de produtos, estoques e custos de venda na fixação de preços

Algumas das coisas mais importantes que você deve ter em mente ao estabelecer preços são:

1. Linhas de produto

Você pode achar necessário vender alguns itens pelo custo ou abaixo, a fim de equipar uma linha de produto. Isto obviamente depende do tipo de negócio em que você se encontra; pode ser mais dispendioso a longo prazo estocar e vender apenas os itens sobre os quais você ganha um lucro do que estocar e vender alguns itens abaixo do custo a fim de instigar os clientes a comprar outros itens seus. Qualquer departamento de serviço completo em uma loja de varejo deve estocar ou ter pronto acesso a peças necessárias para servir a linha estocada naquela loja, independentemente da lucratividade de estocar alguns itens.

2. Custos atuais de estocagem (incluindo custos de financiamento, armazenagem, despacho e manuseio)

Descubra qual é o custo atual de estocagem e peça a seu contador para introduzir este custo em sua estrutura de preço. Se você tem de manter um grande estoque com giro muito lento, este fator será mais importante do que se você tiver um estoque pequeno de giro mais rápido. Para a maioria das empresas envolvidas em comprar itens para revenda, o custo de estocagem subiu muito nos últimos anos e teve um severo efeito sobre os lucros da última linha.

Tome cuidado com as pechinchas dos atacadistas. Descontos neste nível geralmente indicam que a mercadoria em questão está girando lentamente ou prestes a ser substituída por uma linha nova ou melhorada. Uma grande quantidade de estoque desatualizado em suas prateleiras ao longo de anos não é pechincha. Mercadoria de giro lento custa dinheiro. Compras malfeitas podem, por fim, forçá-lo a vender os itens com prejuízo somente para recuperar algum capital (Lembre-se de que as vendas devem ser rápidas e atrativas — um contraste real com os preços normais). Algumas vezes é preferível ficar com mercadoria estabelecida ao preço corrente e realizar um giro com margem menor. Com seu dinheiro recuperado você pode comprar algo que tenha um giro mais rápido e maior volume de vendas, gerando assim mais lucro.

É importante manter um controle sistematizado de seu estoque a fim de evitar que seus custos subam demais. Um controle cuidadoso de estoque ajuda a eliminar roubo e duplicação de custos. Um departamento de serviço completo, ao tentar organizar o estoque, descobriu cinco casos separados de duplicação de peças. Sem sistema de inventário, os itens perdiam-se ou eram esquecidos e encomendados de novo, um desperdício de tempo e dinheiro. Foi descoberto também que muitos itens que haviam sido anteriormente encomendados a granel no começo da estação (muitos tinham ficado obsoletos) poderiam ter sido encomendados um pouco por vez, conforme necessário, sem empatar espaço e capital limitados. Às vezes você pode querer comprar itens específicos em quantidades econômicas, mas eles devem ter giro rápido ou usados como ofertas para atrair os clientes.

3. Outros custos associados à fixação de preços

Não basta apenas estabelecer os custos mais óbvios associados aos preços. Muitas empresas, especialmente as mais novas ou aquelas com custos de venda altos, variáveis, acham que uma grande parte da decisão de preço repousa sobre o estabelecimento dos custos de venda de cada item. Por exemplo, se seu sistema de contabilidade não ajuda você a separar os custos de venda associados a cada produto ou serviço que você vende, você pode estar inadvertidamente perdendo a loja. Se puder levantar seus custos de venda em uma base de linha de produto ou serviço, você poderá descobrir que alguns produtos são muito mais lucrativos que outros — e que os lucrativos não são os que você teria selecionado como seus produtos de ponta. Alguns negócios grandes tomam tanto tempo de venda e de serviço que na realidade, reduzem seus lucros.

Escolha um método flexível de definir preços

Não deixe de examinar suas alternativas de preço. Uma vez que o preço representa a soma do produto, mais serviço, mais um fator de imagem, você tem uma ampla faixa de alternativas a considerar. A abordagem competitiva mais comum é tentar ganhar participação de mercado abatendo preços. Por exemplo, uma agência de propaganda concorrendo às verbas menores de anúncios com redução de preços descobriu, para seu espanto, que aqueles prejuízos não podiam ser suportados. "Mais comum" não se traduz por "mais sensato" para muitas empresas. Há alternativas para a concorrência de preços; estas incluem serviço, localização, personalização, habilidade, imagem, continuidade, estabilidade, previsibilidade, genialidade e muitas outras. Diga a sua.

Suponhamos que você chega a descobrir que suas vendas caíram e que as receitas logo serão insuficientes para cobrir suas despesas operacionais e de vendas. Sua reação imediata pode ser: aumentar os preços. Uma alternativa para essa fixação de preços (com a qual você pode per-

Quadro 12.2 A definição dos preços	
Pondere estabelecer os preços um pouco *acima* dos preços da concorrência se:	Pondere estabelecer os preços logo *abaixo* dos preços da concorrência se:
• Seu mercado for rígido. • Seu mercado consistir principalmente de clientes comerciais em crescimento. • Seu produto é uma parte integral de um sistema estabelecido. • Sua reputação quanto a status, serviço, etc, aumenta o valor percebido de seu produto. • Seus clientes podem facilmente incorporar seu preço no preço de venda deles. • Seu produto é apenas uma pequena percentagem dos custos totais de seus clientes.	• Seu mercado for altamente flexível. • Você está tentando entrar em um novo mercado. • Seus clientes precisam reabastecer-se de peças ou suprimentos. • Sua empresa for tão pequena a ponto de um preço mais baixo nem ameaçar seus concorrentes maiores. • Você tem a opção de lotes econômicos de produção que baixam seu custo unitário. • Você não alcançou a plena utilização da capacidade de produção.

der seus clientes e fazer seu volume de vendas afundar) pode ser aumentar o volume de vendas. Você precisa determinar sua relação preço — volume — lucro. Comparando o preço de venda com o número de itens vendidos, você pode descobrir qual preço aumentaria mais a receita. Lembre-se de que sua imagem de ter preço justo e oferecer bom valor é algo que você não quer prejudicar com aumentos de preço arbitrários. Altas de preço poderiam apenas piorar as coisas. Aumentar o volume pode ser a resposta para despesas também crescentes. Neste caso, você deve trabalhar sobre sua imagem, venda e métodos de distribuição para gerar aquelas vendas maiores.

Redução de preços e mercadorias em oferta também podem ser utilizadas para aumentar as vendas, mas cuidadosamente. Tenha sempre em mente que suas vendas globais devem cobrir seus custos e deixar um lucro. Reduções de preços devem ser usadas com estoque zerado ou de giro lento, ou itens com preço inicial alto demais. Considere uma redução de preço quando você tem súbita concorrência em um item. Também, com monitoração cuidadosa de seus sistemas de contabilidade e estoque, você pode verificar que alcançou seu nível de vendas projetado e pode reduzir sua alta de preços para atrair novos clientes.

Psicologia é outro fator a considerar ao determinar preços. Todos sabemos que vender um item por "apenas R$ 19,99" tem mais apelo ao consumidor do que o mesmo item por R$ 20,00. O número inteiro registra primeiro e o consumidor inconscientemente pensa que o preço é menor.

Status e prestígio são outros fatores psicológicos a considerar em sua estratégia de preços. Lembre-se de que há um elemento de prestígio envolvido no preço de um item. Uma pechincha excepcional em um item caro pode impelir o cliente a procurar defeitos. Um fabricante de alto-falantes de alta qualidade do meio-oeste dos Estados Unidos, comercializados a baixo preço, estava surpreso com vendas muito fracas. Depois de consultar um especialista de marketing, ele elevou seus preços de US$ 400 para US$ 850[3]. Pelo preço mais baixo, os clientes não acreditavam que o alto-falante era de boa qualidade, enquanto que os preços mais altos indicavam tanto a qualidade quanto o prestígio.

Preços altos algumas vezes estimulam, em vez de inibir as vendas

---

3. Valores nos EUA; mantidos, portanto, em US$ (N. do T.).

(Rolls Royce, casacos de vison, caviar). Fabricantes de sapatos para esporte, por exemplo, constantemente disputam a imagem "de classe" e o preço correspondente.

Os quatro métodos de fixação de preços discutidos neste capítulo ajudam a estreitar as faixas de alternativas de preço. Uma vez delimitada a faixa e decididas quais perguntas fazer a você mesmo e como chegar às decisões de preço, seria inteligente de sua parte fazer daquela abordagem de preço uma política para sua empresa. Escreva-a . Você pode sempre mudar a abordagem se ela não funcionar, mas a não ser que saiba como chegar aos seus preços — que justificativa racional está por trás de suas decisões de preço — você achará muito difícil chegar à melhor estrutura de preço para sua empresa.

Nós continuamos a mencionar uma abordagem de preço flexível. Fixar preço é uma arte. Não há método simples, mecânico, de calcular preços. Você tem de estar sensível aos preços de seus concorrentes, mudanças na população, flutuações nas taxas de juros, a quantidade de renda disponível de seu mercado e outras forças externas que afetam o valor percebido do que você vende. Pode ser mais lucrativo descarregar estoque com o que parece ser um prejuízo do que segurá-lo esperando por uma melhora na economia. Avalie mais uma vez o cambista do *Super Bowl*. Qual é o valor de um ingresso para o *Super Bowl* no dia seguinte ao jogo?

Flexível não significa indefinido, vacilante, ao acaso ou excêntrico. Escolher um método flexível de preço significa que você deve estar permanentemente consciente dos fatores que afetam os preços de suas mercadorias ou serviços e se é capaz de prever as oportunidades de mudar seus preços para ganhar a vantagem máxima. Eis por que a determinação rígida de preços pelo custo total ou pela margem bruta não é recomendada. Você deve ser flexível para tirar vantagem das oportunidades. Quando a média das empresas refletir as mudanças efêmeras, estas mudanças já passaram. Outros terão ganho os benefícios; a empresa fechada em uma estrutura rígida de preços os terá perdido.

Por analogia, um relógio quebrado marca a hora certa duas vezes por dia. O mesmo é verdadeiro para uma estrutura rígida de preços — pode estar bem na marca quando o mercado está subindo e bem no alvo quando o mercado está baixando, mas entre estes pontos está um bocado de lucro perdido.

Implemente e controle sua estratégia de preços

Seus objetivos a longo prazo são atingidos pelo uso consistente de uma série de estratégias a curto prazo entrosadas. Estabelecendo um método flexível de preços, o que o ajudará a evitar preços abaixo do normal pelo uso dos melhores aspectos do preço pelo custo total ou pela margem bruta corrigida pela experiência e condições correntes do mercado, você deve terminar com uma estratégia exeqüível que é consistente e fácil de compreender.

Tenha em mente que nenhum método, por mais cuidadosamente ponderado que seja, produzirá sempre a melhor estratégia de preço. Uma vez escolhido seu método de preços, você deve implantá-lo. Feito isso, você deve controlar essa estratégia de preços a fim de certificar-se de que ainda é adequada. Se você descobrir que sua participação de mercado está caindo devido a preços errados ou que seus lucros estão caindo, deve estar pronto para reagir rapidamente.

Normalmente, você gostaria de prevenir-se quanto às dificuldades de preço. Haverá vezes em que você não pode — mas se você não controlar cuidadosa e consistentemente a eficácia de sua estratégia de preço, esteja certo de que vai incidir em alguns erros de preço.

Qualquer esforço de planejamento, preços incluídos, deve ser reavaliado sistemática, ponderada e freqüentemente. Dependendo de seu negócio, você deveria reavaliar sua estratégia de preço pelo menos trimestralmente, talvez até com mais freqüência.

Seus preços têm de produzir lucros. Isto não significa preços injustos ou irracionais, mas que seus preços têm um enorme impacto sobre o sucesso de sua empresa.

Plano de ação para : "Estratégias de preços"

❏ Estabeleça os objetivos de preço de sua empresa definindo os objetivos de vendas mensuráveis por um tempo determinado.
❏ Estabeleça suas faixas de preços usando a análise do ponto de equilíbrio.

- Escolha sua estratégia competitiva de preços a partir das quatro maneiras de fixar os preços.
- Em sua estratégia de preço leve em conta o impacto do seguinte: linhas de produto, custos correntes de estocagem e custos de venda de cada produto ou serviço.
- Mantenha um método flexível na sua fixação de preços a fim de que você possa ganhar o máximo de oportunidades e estar sensível às mudanças do mercado.
- Controle sua estratégia de preços e faça as mudanças quando necessárias.

13

Uma abordagem para a resolução do problema

Primeira parte: Qual é o problema?

Agora que você cobriu os aspectos básicos para "vendas mais planejadas", sua próxima tarefa é continuar a construir sobre seu sucesso. Mas à medida que você o fizer, inevitavelmente encontrará situações que pode não ter previsto. Quaisquer que sejam essas situações, elas não precisam tornar-se problemas se você souber como achar as soluções.

A resolução de problemas é uma habilidade que todo empresário/gerente precisa ter; entretanto, é raramente tratada como uma habilidade que se pode melhorar. Embora não haja um método simples que sempre leve à correta solução de problemas e/ou tomada de decisão, há processos testados e verdadeiros para melhorar a qualidade da solução gerencial do problema. Este capítulo apresenta uma abordagem exeqüível.

A resolução de problemas começa com o reconhecimento e identificação de um problema. Se você consegue reconhecer um problema, identificar seus limites e for capaz de determinar mais ou menos o que fazer a respeito dele, você está bem no caminho para se tornar um bom solucionador de problemas.

A resolução do problema tem duas partes. As primeiras três etapas ajudam a identificar e definir um problema; as restantes são um esboço de como procurar, avaliar e escolher uma solução racional para o problema definido pelas três primeiras etapas.

Identificação do problema: desvio de um padrão

Todos os problemas compartilham uma característica: eles representam algum desvio ou variância em relação a um padrão. Você não pode ter um problema a não ser que tenha um padrão a partir do qual possa medir o desvio.

Por exemplo, um aumento de venda de 15% pode representar uma falha significativa se o padrão pedia um aumento de vendas de 30%. Por outro lado, se o aumento de vendas foi projetado em 5%, um aumento de 15% é ainda um problema, se bem que com efeitos diferentes.

Em ambos os casos, o indício de um problema é o desvio do padrão de um aumento de vendas projetado no orçamento. Entretanto, os padrões não precisam ser numéricos. Tome os padrões de qualidade, por exemplo. No caso de uma impressora, a qualidade da impressão deve ser igual a um certo padrão. Uma impressão que se desvia desse padrão indica a presença de um problema, mesmo se não houverem números envolvidos. Outra área não numérica com padrões explícitos é a gerência de pessoal. Descrições de cargo, manuais de pessoal e avaliações de desempenho tornam explícitos os padrões de trabalho, o que por seu turno torna a detecção de problemas de pessoal mais simples do que poderia ser em caso contrário.

Onde você estabelece os padrões? Geralmente no seu plano de empresa — projeções financeiras, descrições de produto ou serviço, programas de produção e semelhantes devem prover você com conjuntos detalhados de padrões para medir o progresso de sua empresa.

Se você não tem tais padrões, então reconhecer problemas quando eles ocorrem torna-se difícil. Você será capaz de dizer que alguma coisa está errada, mas isto está longe de reconhecer qual é o problema específico.

O primeiro passo para a solução de um problema pressupõe que você defina com quais objetivos ou padrões mensuráveis pode medir seu progresso. Periodicamente, compare o desempenho real com o desempenho orçado ou projetado. A análise do desvio pode ajudar a localizar os problemas com precisão, e freqüentemente o faz antes que um problema se torne grande demais. Para os mais óbvios, conhecer os padrões aplicáveis ajuda a determinar a gravidade e a importância de um problema e permite-lhe administrar mais racionalmente. Se você conseguir resolver os problemas mais importantes e distingui-los das preocupações menos importantes, seu tempo será gasto mais produtivamente.

A análise do desvio procura filtrar a informação empresarial de modo que você possa localizar os problemas antes que eles fiquem fora de controle. Dois controles críticos: projeções de fluxo de caixa (ou orçamento) e o demonstrativo de lucros e perdas, são indicadores extremamente sensíveis de problemas subjacentes. Observe que um desvio em uma categoria particular pode ou não apontar diretamente para um problema subjacente. Com alguma prática em aplicar a análise de desvio você poderá identificar quando tem um problema que realmente requer ação, e quando tem um problema que é um desvio momentâneo na sua operação, causado pelo ciclo contábil (Suponha que você pagou duas contas de utilidades em janeiro, nenhuma em fevereiro. Isto distorcerá seus números mensais — mas não em uma base anual até a data).

Se você não tem um padrão para medir o seu progresso e, contudo, ainda tiver problemas a identificar, muito provavelmente está usando um conjunto interno de medidas como padrão. Isto é uma abordagem arriscada, uma vez que é fácil torcer os padrões para ajustá-los à realidade. O uso cuidadoso da análise de problemas é sua melhor escolha — uma análise baseada em padrões cuidadosamente declarados (escritos).

Análise do problema: defina o problema, seus limites e fronteiras

Suponha que um produto que você fabrica saia defeituoso da linha de montagem. O padrão de um produto de qualidade foi violado. Suponha ainda que um dos seus auxiliares se desentende com um cliente. Um padrão implícito e importante de polidez foi violado.

Em qualquer caso você sabe que um problema surgiu inesperadamente. Agora seu trabalho é definir o problema, mensurar seus limites, suas fronteiras, sua localização e/ou extensão. Aqui, mais uma vez, a necessidade de padrões mensuráveis ou determináveis é importante. Não adianta muito, por exemplo, dizer: "As vendas estão longe de serem satisfatórias" ou "Os empregados são mal-humorados". Pode ser verdade que as vendas estejam fora de linha ou que o pessoal é mal-educado, mas até que você possa afirmar a quê as vendas são comparadas e a quê não são, ou quem é mal-educado (e por quê), será difícil chegar a uma solução adequada para o problema. Perguntas pertinentes tais como: "Todos os produtos estão levando tempo para vender ou apenas alguns?". "É um problema este mês ou tem sido um problema nos últimos meses?", devem ser respondidas.

Um problema bem definido está quase resolvido. Enquanto você define um problema, muitas vezes uma solução possível torna-se preeminente. Entretanto, não conclua apressadamente. Muito tempo é perdido aplicando conclusões apressadas, tempo que seria mais bem empregado definindo cuidadosamente os problemas. Um Formulário de Análise do Problema, ilustrado no Quadro 13.1, ajuda a definir mais precisamente os problemas. Use qualquer formato que seja mais conveniente, mas insistimos que você analise o problema escrevendo a respeito.

Na primeira seção de seu formulário declare da maneira mais concisa possível qual é o desvio ou o problema.

A segunda seção deve ajudá-lo a elaborar uma definição do seu problema quanto à sua situação, como ela difere do normal, e o que é característico a respeito do desvio. Isto deve concentrar sua atenção sobre as diferenças — geralmente em ação — entre o que o problema é e o que não é. Das quatro áreas abrangidas nesta seção, a primeira define o desvio real (ou problema): O que é? A segunda ajuda você a determinar quando o problema ocorre. A terceira localiza o problema — isto é, onde ele surge? A quarta delimita a extensão do problema. Todas estas quatro áreas devem ser cuidadosamente reexaminadas antes de se seguir adiante. Tentar isolar uma causa antes de definir o problema é tolice — e propor uma solução (mesmo provisória) antes de compreender a(s) causa(s) também é tolice.

Finalmente, a terceira seção do formulário tenta isolar algumas das possíveis causas do problema. Estas são apenas afirmações experimentais. Se você seguiu cuidadosamente o procedimento até este ponto, sua lista de causas possíveis deve ser curta — e provavelmente será bastante exata.

Escolha uma solução provisória

Neste ponto, o maior perigo é tomar uma conclusão precipitada sem testar e testar novamente as suas convicções. É fácil apontar uma causa possível para um problema, depois criar argumentos a seu favor enquanto se rejeita todas as outras possibilidades.

Escolha uma solução provisória baseada na revisão de sua análise inicial do problema. Isto evita escolhas apressadas e ajuda a melhorar o trabalho que você pôs no Formulário de Análise do Problema.

E, mais importante, isto permite a aplicação de uma bandagem gerencial: muitos problemas requerem atenção imediata. Se um prédio está em fogo, você extingue o fogo — depois, uma vez que o perigo imediato passou, você vai querer determinar por que o fogo começou e adotar medidas para evitar um futuro incêndio.

Um modo de identificar causas é perguntar continuamente: "O que poderia causar este problema?". Se você tem três causas possíveis, A, B e C, poderia o problema existir sem uma destas causas funcionando? Se você pode eliminar uma causa mostrando que o problema pode aparecer sem que ela atue, então você tem base para rejeitá-la para aquele problema. Se uma causa proposta está sempre presente quando um problema ocorre e nunca está presente quando aquele problema não está funcionando, então você tem boas razões para pensar que encontrou a causa.

Geralmente, determinar a causa de um problema não será difícil demais — mas tenha em mente que a causa mais óbvia pode não ser a causa subjacente correta, e além do mais, uma mente aberta e mais alguns experimentos mentais podem economizar um bocado de esforço mais tarde (Um experimento mental modela a situação e deixa você jogar com as variáveis uma a uma. Pode ser uma ciência fraca, mas muitas vezes é um bom modo de localizar as raízes de um problema).

Uma vez que a causa do problema estiver clara para você, surgem duas possibilidades. Primeira, talvez você tenha de aplicar uma solução provisória para manter sua operação funcionando naturalmente. Conhecendo a causa — e tendo-a em mente enquanto você medita sobre possíveis soluções substitutivas — sua solução provisória será provavelmente mais eficaz do que seria de se esperar. Uma abordagem formal para isto é apresentada nas próximas sete etapas. Segunda, se uma solução provisória é necessária ou não, tente certificar-se de que qualquer solução adotada permanentemente é a melhor escolha possível. Uma vez que o fogo apagou, não esqueça de tomar grande cuidado para evitar futuras erupções. Teste sua solução provisória (ou não-solução) diante de outras soluções possíveis.

Quadro 13.1

Formulário de Análise do Problema

O que segue ilustra como a solução de um problema pode ser aplicada a um problema típico: redução do fluxo de caixa. As técnicas descritas no resto deste capítulo referem-se às informações contidas neste exemplo

Qual é o problema? Redução do fluxo de caixa: Contas a receber (CAR) agora correspondem a 55 dias, contra um máximo de 30 dias, um acréscimo de 25 dias

	O problema é:	O problema não é:	A diferença é:
O quê	Drástico crescimento de grandes contas a receber: agora em média 55 dias para contas acima de R$1,5 mil (algumas são atrasadas reincidentes).	Pequenas contas (abaixo de R$1mil).	Pequenas contas pagam adiantado com desconto; nem um único pedido a crédito.
Quando	De novembro até agora.	Antes de novembro.	Mudanças na taxa de juros? Crédito mais fácil? Nossa política de crédito sofreu mudança?
Onde	N/D (não há diferença geográfica — estende-se por todo o país).		
Extensão	70% das grandes contas vão até 90 dias ou mais.	30% de todas as grandes contas, 30 dias no máximo, 90% das pequenas contas.	Algumas contas grandes pagam vagarosamente, mas outras do mesmo volume pagam em 30 dias (Pode ser devido a contato pessoal maior com estes clientes?).

Causas possíveis
1. Políticas de crédito mais frouxas (Reavaliar).
2. Empresa é vítima do pessoal de administração de caixa (E então?).
3. Esforços de cobrança mais frouxos (Reavaliar).
4. Pode ser uma ligação com a venda pelo correio — embora os reincidentes não sejam clientes que recebam as coisas pelo correio.

Segunda parte: O que deve ser feito a respeito do problema?

O problema e sua causa foram identificados, e a crise no momento está superada. Agora o que deve ser feito?

Existe um ideograma chinês, que representa a palavra "crise". Ele tem duas partes: uma representa a palavra "perigo", e a outra, "oportunidade". Tenha isto em mente. O processo abrangido nesta parte aplica-se a oportunidades, bem como a escolher soluções eficazes e permanentes para problemas — e os perigos, a não ser que você faça uma escolha inteligente, serão a oportunidade que fugirá, a solução ilusória e o problema retornando (provavelmente de forma mais acentuada).

Para aplicar as técnicas às oportunidades, comece definindo como na Primeira parte — que padrões ou processos operando agora serão afetados? Por quê? Depois prossiga para estabelecer novos objetivos e examinar maneiras de alcançá-los. Esta é uma técnica de planejamento que funciona muito bem.

Deixe claros os objetivos da solução

As próximas sete etapas são a parte mais difícil do processo de resolução de problemas. Enquanto é necessário considerável esforço para apontar a causa do problema, determinar qual a melhor solução para ele, requer criatividade gerencial.

Comece indicando os objetivos que você espera que a solução alcance. Um problema — um desvio de um padrão — levará a uma necessidade de novos padrões. Suponha que seu problema é que as vendas estão três vezes maiores que as projeções. Um problema deste tipo leva a estabelecer um conjunto inteiramente novo de objetivos, que vão do reestabelecimento dos padrões antigos para novos, mais altos.

Objetivos: Acelerar a coleta dos grandes pedidos institucionais, parar de conceder financiamento grátis (ou quase grátis) para estas contas e melhorar o fluxo de caixa. Precisamos conseguir as contas maiores para permanecer (ou tornar-nos) mais lucrativos, cortar custos de financiamento e reduzir os empréstimos bancários.

Se você não definir quais são os objetivos de uma solução, você não pode dizer se resolveu o problema, se está prestes a resolvê-lo ou se você o está até agravando. Estabeleça seus objetivos por escrito. Isto lhe dará um sentido de direção — mais algum retorno muito necessário sobre se você está fazendo ou não a coisa certa.

Classifique os objetivos

Um excelente modo de separar os objetivos para que você possa usá-los é tomar uma folha de papel, traçar uma linha no meio e intitular uma coluna "Necessário" e a outra "Desejável". Presumivelmente todos os objetivos que você identificou são desejáveis em maior ou menor grau. Alguns deles serão essencialmente importantes. Ponha estes na coluna "Necessário". Estes são os objetivos que, se não forem alcançados, impedem que a solução seja satisfatória. Sua satisfação pode mesmo ser necessária à sobrevivência de seu empreendimento.

Outros objetivos não são necessários, mas meramente desejáveis. Ponha esses objetivos na coluna "Desejável".

Você pode beneficiar-se ao estabelecer alguns limites de tempo, embora aproximados, para seus objetivos. Para a maioria dos propósitos, faça os objetivos tão específicos quanto possível. Isto freqüentemente requer esforço adicional — mas um objetivo específico será mais útil do que um objetivo vago.

Necessário
1. Melhorar cobranças. Reduzir o prazo das contas a receber para 30 dias.
2. Manter as margens do ano anterior.
3. Reduzir a dependência do financiamento bancário a curto prazo (Alcançar estes objetivos dentro de 60 dias).
4. Manter boas relações com os clientes de atacado.

Desejável
1. Melhorar margens em 5% sobre o ano anterior.
2. Reduzir débito a X % das vendas.
3. Parar de financiar as grandes contas atrasadas.
(Isto pode ser feito em 40 dias — mas tente realizar em menor tempo).

Desenvolva soluções alternativas

Poderíamos apostar que poucas decisões das pequenas empresas são tomadas com base em uma análise cuidadosa das possibilidades alternativas. A não ser que tenha mais de uma solução disponível, você não pode selecionar a melhor alternativa — tudo o que você pode fazer é avançar com a única solução que tiver em mãos.

Lista provisória de alternativas:
1. Melhorar (e formalizar) os trabalhos de cobrança.
   Enviar um lembrete aos 20 dias e chamar aos 30 dias. Manter-se em cima de todas as contas; melhor controle das contas a receber.
2. Restringir o crédito a curto prazo.
3. Pedir 30% à vista, com o pedido.
4. Aumentar o desconto, seja para 5% por 5 - 10 dias, com 1,5% de multa depois?
5. Não fazer nada. Esta é uma situação anormal temporária do mercado.
6. Fazer vendas mais agressivas: Você ainda pode ganhar dinheiro com vendas no atacado e pode financiar contas a receber se necessário.
7. Talvez uma combinação de duas ou mais das possibilidades anteriores. Quer testar?

Suas alternativas devem ser escolhidas com seus objetivos em mente. A solução provisória é um primeiro socorro, um ataque aos sintomas em lugar da doença — mas a fim de resolver permanentemente o problema, pode ser necessária uma solução mais cuidadosa.

Talvez você pense que a solução provisória é a solução permanente. Ótimo — apenas certifique-se de que é a melhor escolha — e lembre-se de que escolha pressupõe diversidade.

Compare as alternativas com os objetivos ordenados

A fim de escolher a melhor solução para o problema, você tem de comparar as soluções alternativas com os objetivos. Isto lhe dará uma idéia bastante precisa de qual é a melhor solução — todas as coisas iguais.

Isto pode ser feito tão matematicamente quanto você deseje. Você pode ponderar sobre sua decisão ou escolher um método mais simples. Para a maioria das decisões, uma abordagem qualitativa produzirá resultados adequados. Se você se sentir mais feliz com uma abordagem quantitativa, então um método ponderado pode agradar-lhe mais. Ambas as abordagens forçam uma comparação das alternativas com os objetivos desejados.

A parte importante dessa etapa é classificar as alternativas na ordem de sua probabilidade de alcançar seus objetivos.

Escolha uma solução provisória

Qual solução proposta, à primeira vista, aproxima-se mais dos objetivos desejados? Mesmo para ser considerada uma solução, uma alternativa deve enquadrar-se em todos os requisitos "necessários" e, normalmente, uma solução que tem todos os "necessários" e a maioria dos "desejáveis" — ou mais dos "desejáveis" do que qualquer outra solução — será sua primeira escolha.

Uma atenção cuidadosa para satisfazer os "necessários" evita problemas sérios. É fácil demais tomar decisões na base da coluna dos "desejáveis" e ignorar um dos itens "necessários".

Por exemplo, na Lista Provisória de Alternativas antes mencionada, as alternativas 2 e 5 foram eliminadas neste ponto. A segunda alternativa alienaria alguns clientes, e pedidos repetidos são críticos. A alternativa 5 ignoraria o problema e corroeria o capital de giro. Por outro lado, as alternativas 3 e 4 juntas parecem promissoras, enquanto a alternativa 1 poderia ser aplicada imediatamente (Isto é, a alternativa 7 parece ser a melhor escolha).

Avalie as possibilidades adversas e suas conseqüências

Talvez você ache que uma das soluções é tão dominante que todas as outras alternativas caiam por terra.

Mesmo assim, é aconselhável neste ponto, antes de implementar a solução proposta, tentar avaliar suas possíveis conseqüências adversas.

Uma solução pode prenunciar possíveis dificuldades, particularmente em uma empresa onde objetivos claramente definidos foram estabelecidos e onde processos e procedimentos bem definidos têm sido praticados. Considere as pessoas que ela afetará, os recursos que vai requerer e as oportunidades que pode impedir.

Porém, mais uma vez, não há um procedimento "passo a passo" que se possa seguir para assegurar que você tome as decisões previstas. O melhor a fazer é procurar avaliar os efeitos da implementação de uma decisão, antes de comprometer-se com ela.

No exemplo de solução de Contas a receber (CAR), achou-se que a alternativa 1 era demorada, mas menos do que se pensou originalmente. A alternativa 3 diminui certos lucros; isto tinha de ser modificado caso a caso, e não ser implementado globalmente. A quarta alternativa era demasiado dispendiosa — permanecendo com as condições 2/10, N30[1], mas absorver o frete para pagamentos rápidos demonstrou ser a melhor. A alternativa 6, vender de modo mais agressivo, teve de ser engavetada: mais vendas agravariam o problema de CAR, a não ser que pudesse ser estabelecido o compromisso de pagamento antecipado.

Controle as conseqüências adversas; reavalie as alternativas se necessário

Você pode achar, depois de avaliar as conseqüências de sua decisão, que uma solução que parecia a mais desejável tem conseqüências possíveis as quais você não pode suportar. Neste caso, reavalie as alternativas disponíveis. Não esqueça que viver com um problema pode ser uma alternativa aceitável, particularmente se as conseqüências de todas as outras alternativas forem piores do que o problema em si.

Uma situação mais provável é que você tenha um número muito limitado de alternativas que satisfazem suas exigências. Talvez você descubra que uma que parecia a mais forte à primeira vista tem conseqüências que você não está disposto a aceitar, enquanto uma solução menos óbvia tem menos ou talvez nenhuma conseqüência inaceitável.

Este não é um passo muito fácil. Todas as soluções têm umas poucas conseqüências adversas — mas a maioria será controlável. Se não as prevê, entretanto, tudo o que você fará será criar um novo conjunto de problemas — que (além de pegar você com a guarda baixa) podem ser piores do que o problema original. Se puder controlar as conseqüências adversas alterando seus planos ou planejando cuidadosamente, então você poderá descobrir que o que parecia ser uma solução inaceitável à primeira vista será, na verdade, a mais desejável.

Plano de ação para:
"Uma abordagem para a resolução do problema"

❏ Analise o quanto o seu problema desvia de seus padrões.

---

1 – Pagamento em 10 dias com 2% de desconto, em 30 dias líquido (N. do T.).

- Defina seu problema em termos de onde e quando ele ocorre e qual é sua extensão.
- Selecione uma solução provisória baseada em sua análise inicial.
- Concentre-se nos objetivos que a solução alcançará, e classifique-os em "necessários" ou "desejáveis".
- Faça uma lista de soluções alternativas e compare-as a seus objetivos.
- Escolha uma solução provisória a partir de sua lista.
- Avalie cuidadosamente as conseqüências de sua solução.
- Controle as conseqüências adversas alterando seus planos ou reavaliando suas alternativas, se necessário.

14

Relações públicas

Um modo de evitar certos problemas é ter um programa de relações públicas cuidadosamente planejado. Mas relações públicas podem fazer muito mais do que isso — podem também aumentar as vendas de sua empresa sem forçá-lo a gastar um bocado com propaganda.

As relações públicas funcionam como um "persuasor escondido". As mensagens que você quer que seus clientes potenciais recebam são transmitidas em forma de "editorial".

As relações públicas funcionam porque as pessoas confiam mais em artigos e reportagens do que em "propaganda". As pessoas mantêm contato com a propaganda encarando-a ceticamente. Propaganda é "venda", e ninguém gosta que "lhe vendam". Mas artigos e reportagens que não significam "venda" são lidos com mente aberta, como alguém que está "aprendendo". Por conseqüência, relações públicas, por um custo bem menor, conseguem fazer coisas que a propaganda não consegue.

Relações públicas, o que são elas?

As relações públicas podem ser definidas como "atividades de mídia não-publicitárias que aumentam a lucratividade de sua empresa". Elas envolvem tudo, desde mandar simples informações à imprensa[1] até criar

---

1 – *Press releases* - (N. do T.).

programas especiais projetados para apreender a imaginação do seu mercado. As atividades de costume incluem:
- Artigos descrevendo favoravelmente o desempenho financeiro de sua empresa;
- Artigos apresentando os produtos ou serviços de sua empresa, e como os clientes os usam;
- Cronograma dos eventos especiais envolvendo sua empresa;
- Lançamentos de novos produtos;
- Entrevistas;
- Patrocínio de eventos locais, como maratonas;
- Falar ou participar em painéis de discussões em feiras ou convenções comerciais.

É importante frisar que às vezes aquilo que nós lemos como "notícias", origina-se do departamento de relações públicas de uma empresa. Um estudo da *Columbia Journalism Review* mostrou que 111 das histórias apresentadas nas páginas internas de um número do *Wall Street Journal* foram originadas como *press releases*! Em 70% dos casos, de fato, os artigos foram publicados como recebidos, sem incluir informação adicional.★

Para compreender como as relações públicas podem converter clientes potenciais em clientes efetivos por um custo relativamente baixo, considere os três estudos de caso seguintes :

Estudo de caso número um: "Aí vem o Concorde!"

Problema:

Um restaurante de Seattle queria diferenciar-se da sua concorrência destacando sua magnífica coleção dos mais recentes vinhos importados.

Resolução:

O restaurante organizou um grande giro pelos vinhedos da Europa, retornando da França para Seattle no supersônico Concorde com um carregamento de vinhos no mesmo dia em que eram lançados os vinhos mais recentes da França.

★Alan Caruba, "Public Relations: What is it?" *New Jersey Business,* Novembro de 1982, página 70. Citado pelo *The Copywriter's Handbook* (ver "Suggestions for Further Reading"), de Bob Bly. Bly, Robert W. *The Copywriter's Handbook: A step-by-step guide to writing copy that sells* (New York: Dodd, Mead & Company, 1985) US$17.95 capa dura. Capítulo 9, "Writing Public Relations Material," contém muitas idéias úteis, exemplos de formatos de *press releases*, e respostas para perguntas que muitas vezes são feitas.

Resultados:

O vôo fretado significou a primeira visita do Concorde a Seattle. O Concorde chegou no fim da tarde ao aeroporto da cidade. Durante o tempo em que ficou em Seattle, o Concorde permaneceu em exposição, e fez vôos fretados de uma hora sobre o Pacífico. Toda a renda foi doada a organizações de caridade locais.

A promoção recebeu enorme cobertura dos jornais e da televisão antes e depois do acontecimento. Numerosos artigos e colunas foram escritos sobre ela e fotografias da visita do Concorde estavam nas primeiras páginas de ambos os jornais diários da cidade. A televisão local cobriu a aterrissagem do Concorde e entrevistou participantes do giro. O nome do restaurante esteve na boca de todo mundo naquela cidade, orientada para aviação (onde a Boeing tem sua sede).

Nenhuma propaganda poderia ter levado a efeito a exposição e o destaque que o restaurante recebeu. Por menos do que pelo custo de uma série de anúncios em revistas e jornais, o restaurante tornou-se famoso, respeitado pelo seu vinho e por voltar-se para fins comunitários.

Estudo de caso número dois: Construindo credibilidade através de artigos

Problema:

O ex-gerente de propaganda de uma rede de lojas a varejo, contando com quatro estabelecimentos, queria alavancar seu sucesso local para um negócio de âmbito nacional. Desconhecido fora de sua comunidade, ele precisava gerar rapidamente apresentação e credibilidade nacionais.

Resolução:

A resposta foi uma série de artigos mensais sobre publicidade na principal revista do ramo.

Resultados:

Seus artigos deram ao até então desconhecido autor o status de "especialista do momento" e fizeram com que os clientes depositassem confiança em seus talentos. Seu modo de escrever, cordial e amigável, ajudou os varejistas a vê-lo como "um deles," e não como um "estranho". Passados quatro meses desde o início da série de artigos, ele estava vendendo diversos catálogos a R$ 1 mil para varejistas que ele nunca tinha visto.

A série de artigos gerou negócios e eliminou a necessidade de propaganda. E ele foi pago para escrever os artigos.

Estudo de caso número três: Tornando-se o lugar "seguro" para fazer compras

Problema:

Como você se diferencia da concorrência quando está vendendo os produtos que outras lojas estão vendendo pelos mesmos preços — ou menores?

Resolução:

A resposta é adotar a posição de "compra segura". Isto gera confiança dos compradores, mesmo antes de eles entrarem na sua loja.

Resultados:

Um dinâmico varejista de equipamentos audiovisuais no competitivo mercado de Providence, Rhode Island, conseguiu isto oferecendo a um dos mais respeitados jornalistas do ramo uma visita à sua loja, onde lhe fez uma demonstração sem apelo de venda da mais recente tecnologia digital.

O evento foi planejado com bastante antecedência e a mídia local foi informada bem antes da visita do jornalista. Uma propaganda anterior ao evento enfatizou a independência do jornalista e o propósito educacional da demonstração.

A loja estava apinhada no dia da apresentação. Mais importante, a equipe de reportagem da televisão apareceu para filmar a apresentação e entrevistar o proprietário e espectadores. Eles ficaram tão impressionados que voltaram para filmar uma série sobre a tecnologia de audiovisual em mudança, narrada pelo dono da loja. As projeções foram apresentadas no horário do noticiário das 18:30h.

Esta demonstração gerou vendas imediatas e consolidou a credibilidade da loja. Igualmente importante, o dono da loja tornou-se o porta-voz informal para a eletrônica de consumo na sua cidade. Os editores de negócios e outros jornalistas adquiriram o hábito de consultá-lo sempre que tinham uma pergunta sobre tecnologia de audiovisual ou condições de varejo.

O que estes exemplos de programas de relações públicas têm em comum?

1) *Em cada caso a empresa sabia exatamente o que queria realizar.* Cada empresa era capaz de descrever sinteticamente o objetivo de seu programa de relações públicas:
- O restaurante de Seattle queria tornar-se conhecido por sua vasta coleção de vinhos importados.
- O ex-gerente de publicidade queria obter credibilidade em âmbito nacional.
- O varejista de audiovisual de Providence queria tornar-se o lugar "seguro" para se fazer compras.

2) *Cada empresa foi capaz de identificar o mercado-alvo que queria influenciar.* Além disso, cada empresa compreendia as necessidades de seu mercado-alvo:
- O restaurante de Seattle sabia que estava vendendo "estímulo", bem como vinho para clientes de alta renda, consumidores conscientes de seu status.
- O ex-gerente de publicidade entendeu que as vendas vão se seguindo à confiança.
- O varejista de Rhode Island sabia que a maioria dos consumidores estavam confusos quanto à eletrônica de consumo e dispostos a pagar algo mais pela segurança de saber que faziam a escolha certa.

3) *Cada empresa sabia como estruturar sua mensagem em termos com os quais a mídia podia facilmente lidar.* Este é provavelmente o ponto mais importante. Milhões de *press releases* são enviados todos os anos, mas apenas alguns são impressos. Isto porque falta valor de "notícia" ou "informação" na maioria deles.

Os editores recebem avalanches de *press releases* que têm pouco ou nenhum valor, a não ser para as empresas que os remetem. Estes *press releases* de "fanfarronice" são imediatamente descartados.

Para serem bem-sucedidas, suas atividades de relações públicas devem ter valor de notícia ou de informação.
- O restaurante de Seattle recebeu cobertura da imprensa muito difundida, de primeira página e horário nobre porque:

a. Foi a primeira visita do Concorde a Seattle (valor de notícia).

b. Há um estímulo genuíno na idéia de vinhos novos franceses recebidos em Seattle no mesmo dia de seu lançamento na França.

c. A renda toda foi para instituições de caridade. Assim, a mídia não estava meramente apoiando os esforços de relações públicas de uma empresa local; os esforços da mídia também ajudariam uma organização de caridade local, que foi favorecida.

- A campanha de relações públicas do ex-gerente de publicidade recebeu apoio da mídia porque:

a. Os artigos tinham valor genuíno. Eles reforçavam o conteúdo editorial da revista, o que se traduz em maior índice de leitura e preços mais altos de publicidade.

b. Os artigos eram remetidos em forma acabada, com ilustrações e arte. Eles foram cuidadosamente editados e revisados antes da remessa. Isto agradou ao editor, pois economizou muito tempo com isso.

- O varejista de Providence capitalizou aproveitando-se do desejo da mídia local de desenvolver as empresas locais. Isto fortaleceu a economia local, significando oportunidades de receita adicional.

Atenda a ambos os mercados

Para atingir os objetivos de comunicações de sua empresa, dois mercados devem ser atendidos. Você precisa satisfazer tanto as necessidades da mídia quanto as do mercado-alvo. Isto é diferente da propaganda. Nela você pode estar certo de que sua mensagem vai ser levada ao público porque a mídia é paga para fazê-lo.

Em primeiro lugar, você precisa convencer a mídia de que a sua comunicação tem valor definido de notícia. Os editores e repórteres de televisão não estão interessados em publicar anúncios grátis para você. A auto-imagem deles exige que seus artigos e reportagens contenham informação que realmente beneficie os leitores ou espectadores.

Em segundo lugar, seu mercado-alvo deve ser convencido de que será beneficiado com a leitura ou por a assistir a sua comunicação. Leitores e espectadores só estão interessados em sua mensagem à medida que ela lhes oferece um benefício. A mensagem que você enviar tem de ser apresentada em genuínos termos de valor noticioso. Seu mercado-alvo tem de aprender alguma coisa que se relaciona com ele, ajudando-o a resolver problemas ou satisfazer necessidades já existentes.

Relações públicas ativas e passivas

As relações públicas podem ser ativas ou passivas.

Programas ativos são aqueles que tentam mudar atitudes existentes. Tais programas predispõem os clientes a serem mais receptivos às suas apresentações de publicidade e de vendas.

Os programas ativos começam com uma descrição da opinião atual do cliente, bem como com uma exposição das convicções que você quer que os clientes potenciais tenham. Programas ativos de relações públicas são programas a longo prazo, orientados a objetivos que se ajustam nos programas corporativos globais de comunicação.

Programas passivos de relações públicas são a curto prazo e de natureza defensiva. Eles são projetados para compensar má publicidade ou eliminar ameaças ambientais (p. ex., regulamentos governamentais). Freqüentemente, eles tentam desviar os interesses da mídia ou do público de um aspecto negativo de uma empresa para um aspecto mais positivo (p. ex., realçando o benefício econômico para uma comunidade, de um depósito para resíduos tóxicos).

Tanto os programas ativos como os passivos têm seu lugar, embora a maioria das firmas ganhem mais benefícios devido aos programas "positivos".

Estabelecendo seu próprio programa de relações públicas

Planejar e analisar é a primeira etapa na elaboração de um programa bem-sucedido de relações públicas. Você precisa definir o estado atual dos negócios. Você tem de entrar nas mentes dos seus clientes potenciais para que possa preparar uma detalhada "análise da situação".

Em sua "análise da situação" você precisa responder a perguntas como:

- O que as pessoas pensam de nós atualmente?
- Que posição nós ocupamos nas mentes dos nossos clientes potenciais?
- Que preocupações os consumidores têm quando vão às lojas procurar nossos produtos ou serviços?

Em seguida, você vai precisar elaborar um Plano de Ação. Ele definirá os objetivos de seu programa e esboçará as etapas necessárias para alcançá-los.

Seu Plano de Ação deve incluir respostas para perguntas como:
- Como nós queremos que nossos clientes potenciais vejam nossa empresa?
- Como devemos ser vistos pelos clientes potenciais?
- O que os motivará para a ação?

Outras perguntas a serem respondidas neste ponto, incluem:
- Quem são os formadores de opinião, e como podemos conseguir que eles levem nossa mensagem aos nossos clientes potenciais?
- Qual é o período de tempo para nossas atividades — *o que* acontecerá *quando*? *Quem* é responsável por fazê-lo?
- Como estas atividades se relacionam com os outros aspectos do nosso marketing, como propaganda e promoção de vendas?

Execução e acompanhamento vêm depois. A execução é muitas vezes o estágio mais fácil de todos, uma vez que os objetivos e o programa já foram estabelecidos. A execução envolve trabalho de equipe, delegação e atenção a detalhes. A fase de execução é freqüentemente mais agradável, porque envolve ação e oferece oportunidades criativas que deixam a nossa imaginação voar livremente.

O acompanhamento envolve a avaliação do êxito de seu programa e a obtenção do máximo proveito de seus ganhos. A avaliação é vital para que você possa construir sobre seu sucesso e evitar os erros do passado.

Processo e evento

Talvez o mais importante elemento em um programa de relações públicas bem-sucedido é vê-lo como um processo permanente, não um evento isolado.

Campanhas sofisticadas de relações públicas envolvem uma série de projetos que se superpõem. Alguns projetos podem estar na fase de planejamento enquanto outros estão no estágio de execução, e outros no estágio de acompanhamento.

Todos projetos, entretanto, trabalham para objetivos de programa aprovados.

Relações públicas envolvem mais do que simplesmente a remessa de *press releases* realçando recentes promoções da empresa. As relações públicas envolvem uma ampla variedade de atividades — desde levantamentos e estudos sobre comportamento até escrever artigos, organizar vôos fretados, apoiar instituições locais de caridade, e tomar parte em eventos da comunidade.

Assim, relações públicas freqüentemente consistem em "criar notícias". Isto inclui em verificar o que a mídia considera *notícia* e então criar um evento que depois se defina como notícia — embora favoreça os objetivos da empresa.

No primeiro estudo de caso,

Quadro 14.1
Vantagens de custo

Compare o custo de uma campanha de relações públicas com os métodos tradicionais de publicidade:
Custo de impressão de 100:
  press releases de 2 páginas: R$ 20,00
Postagem de 100
press releases: 25,00
Envelopes: 5,00
Total: R$ 50,00

Considere: Quanto espaço publicitário se pode comprar com R$ 50,00 no jornal local? Quantos minutos de publicidade em rádio ou televisão se compram com R$ 50,00? Na maioria dos casos, um investimento de R$ 50,00 em mídia seria facilmente ignorado. Mas R$ 50,00 gastos remetendo *press release* certo para a pessoa certa pode resultar em milhares de dólares de apoio editorial favorável.

Um programa bem planejado de relações públicas pode alcançar mais gente por um custo menor do que qualquer mídia. Certifique-se apenas de que seu *press release* tenha valor de notícia.

---

por exemplo, a primeira aterrissagem do Concorde no Aeroporto da Boeing destacou-se como notícia, embora as mensagens noticiosas resultantes divulgassem a ampla coleção de vinhos do restaurante.

No segundo estudo de caso, os artigos "Como fazer publicidade" do ex-gerente de publicidade satisfaziam o desejo da revista especializada de ajudar os varejistas a anunciar mais eficazmente, apesar de os artigos ajudarem o autor a alcançar projeção nacional.

No terceiro estudo de caso, o principal objetivo do repórter de televisão era familiarizar os espectadores com a mais recente tecnologia de audiovisuais, apesar de isto ter dado ao varejista participante uma vantagem sobre sua concorrência.

Seis etapas para um bem-sucedido programa de relações públicas

1. Decidir sobre a finalidade de seu programa de relações públicas

Que mensagem você quer comunicar? Que atitude você está tentando mudar? Que ação você executou?

2. Identificar seu mercado-alvo e familiarizar-se às suas necessidades

Quem você está tentando influenciar? Quais são as necessidades desse público? O que pode influenciar o comportamento desse público? Quais os negócios desse público?

3. Identificar os "formadores de opinião" e familiarizar-se às suas necessidades

Que veículo é mais apropriado para comunicar sua mensagem? Quem decide quais reportagens devem ser serem publicadas ou transmitidas em rede? Que critérios tais pessoas usam ao decidir o que apresentar nos artigos ou programas de radiodifusão?

4. Facilitar as coisas para todos

Isto geralmente acarreta comunicar sua mensagem tão rápida e de modo tão simples quanto possível. Suas matérias para a imprensa devem comunicar clara e concisamente toda a informação necessária, incluindo fontes de informação adicional. As fotografias devem ser claramente identificadas. Facilitar quer dizer trabalhar com a máxima antecedência possível. Isto ajuda os formadores de opinião a registrar seu programa na agenda deles.

5. Buscar ajuda onde necessário

A ajuda profissional pode significar a diferença entre o sucesso e o fracasso. Profissionais de relações públicas externos podem auxiliar você a planejar e a executar aos poucos o seu programa, bem como auxiliar a evitar problemas inesperados.

6. Acompanhar seu programa

Aproveite ao máximo seu sucesso de relações públicas. Mande aos colegas separatas de artigos bem escritos que tenham destacado sua empresa. Mantenha um álbum com recortes de jornais em sua sala de

---

Quadro 14.2

Uma simples auto-análise

Ao avaliar atividades de relações públicas presentes ou propostas, pergunte-se: "E daí?"
Se você não pode responder à pergunta de um modo positivo que se relacione com o interesse próprio da mídia e de seu mercado, é provável que sua campanha de relações públicas fracasse.
Exemplo:
Um *press release* descrevendo a situação de sua empresa no campeonato interno de boliche da liga não deve ser de interesse para ninguém a não ser para os membros do time. Um *press release* descrevendo como seu time de boliche no Torneio de Fim de Ano levantou R$ 5 mil para um hospital local tem mais probabilidade de ser publicada.
Mas, um *press release* mostrando o presidente entregando o seu cheque para uma instituição de caridade local com certeza será publicado.

espera. Cópias de artigos e críticas favoráveis de produtos colocadas em quadros também ajudam a manter vivo o seu sucesso.

O que é mais importante, aprenda a dizer *muito obrigado* quando um editor ou uma publicação tiver apresentado sua empresa de maneira positiva. Esta diplomacia pessoal pode render grandes dividendos meses mais tarde. As pessoas naturalmente tendem a querer fazer outros negócios com pessoas que foram gentis com elas no passado.

Perguntas a fazer ao contratar uma agência de relações públicas

A melhor maneira de selecionar a agência de relações públicas certa é fazendo um levantamento. Visite várias agências para senti-las. Depois convide as três ou quatro melhores competidoras ao seu escritório para uma apresentação profissional.

Apresente as seguintes perguntas por escrito e peça aos finalistas para falar sobre elas em sua apresentação. Ao pedir às agências que se concentrem sobre os mesmos itens, você terá uma idéia melhor de como as agências diferem entre si.

Que processo sua agência usa ao analisar as necessidades do cliente? Descreva com detalhes.

Um programa bem-sucedido de relações públicas envolve planejamento e execução. Você precisa convencer-se de que a agência tem a "força mental" necessária para enxergar além do óbvio e levar seu programa de relações públicas além de suas próprias habilidades.

Uma vez definidas as necessidades do cliente, qual é o processo usado para posicionar uma empresa?

Você precisa convencer-se de que a agência é capaz de desenvolver uma estratégia criativa para sua empresa. Você precisa certificar-se de que a agência compreende os pontos fortes e as limitações do posicionamento. Que processo eles usarão para desenvolver os objetivos de comunicação de sua empresa?

Como a agência mede a eficácia do alcance dos objetivos de seu cliente?

Você precisa convencer-se de que a agência trabalhará com você para desenvolver padrões significativos para medir o sucesso de seu programa de relações públicas. Os resultados podem ser medidos em mudanças de atitude, exposição, ou valor de receita criada.

Que procedimentos de informação você usa para manter o cliente informado de suas atividades?

Muitos relacionamentos cliente/agência fracassam neste item. Agências bem-sucedidas operam numa base "sem surpresas", mantendo os clientes informados sobre o desenvolvimento do programa, contatos com a mídia e custos incidentes. Estas agências estabelecem com antecedência quanto seus serviços custarão exatamente.

Descreva a experiência de sua agência em trabalhar com empresas como a nossa.

Que histórias de sucesso você pode citar em nosso campo? Quem podemos contatar?

Você certamente sentir-se-á mais seguro trabalhando com uma agência de relações públicas com experiência no seu campo específico. Da mesma forma, você precisa tratar com uma agência que se sinta bem trabalhando com uma empresa do porte da sua.

Descreva os relacionamentos de sua agência com a mídia. Você tem intimidade com formadores de opinião importantes em nosso campo?

Agências de relações públicas estão em vantagem quando podem apanhar um telefone e falar diretamente com um editor ou colunista importante. Uma simples chamada telefônica pode assegurar que um *press release* seja puxado do fundo para o topo da pilha para encaminhamento imediato.

Descreva um programa bem-sucedido em que você esteve envolvido com um cliente semelhante à nossa empresa. Quais eram os objetivos do programa? Que estratégias e táticas foram usadas? Como você mediu seu sucesso?

Seu objetivo é separar "fato" de "venda". Você está buscando uma evidência sólida de que a agência pode fazer o que promete, apontando para uma evidência do passado.

Descreva a familiaridade de sua agência com a criatividade. Como você mede criatividade? Como você envolve seus clientes no processo criativo?

A resposta da agência a estas perguntas o ajudará a decidir quão atenta e disciplinada ela é. Você precisa convencer-se de que a agência vê a criatividade como uma ferramenta, não como um fim em si mesma.

No dia em que você reavaliar a sua agência, faça as perguntas seguintes. Estas testarão a integridade e a capacidade de ela agir sob pressão.

Até que ponto você defende aquilo em que acredita? O que você faz se o cliente insistir em fazer algo que você acha que contraria os melhores interesses dele?

A resposta da agência a esta pergunta ajudará você a determinar o nível de integridade da agência e o ajudará a apurar quão desafiante deverá ser o relacionamento com ela. Ela evitará contratar *"yes men"*[2] que simplesmente perpetuarão suas limitações.

Quais clientes importantes você perdeu no ano passado? Por que você os perdeu? Posso contatá-los?

Sendo bem "atordoante", esta pergunta ajudará você a avaliar a estabilidade ética da agência. Uma agência que fala mal de um cliente anterior provavelmente também falará mal de você no futuro.

A pergunta mais importante de todas...
Quem estará realmente trabalhando com a nossa conta no dia-a-dia?

Muitas vezes, os clientes descobrem que a única vez em que vêem a gerência superior da agência é durante a revisão de processos.

É importante certificar-se de que as pessoas que vendem a você os serviços da agência são as mesmas pessoas com quem você estará trabalhando no dia-a-dia.

Plano de ação para: "Relações públicas"

❏ Avalie a finalidade do seu programa de relações públicas. Qual será sua mensagem, em uma só frase?

---

2 – Homens servis, "capachos", que dizem "sim" a tudo (N. do T.).

- ❏ Identifique o mercado-alvo e as influências, e torne-se familiar às suas necessidades.
- ❏ Assegure-se de que sua comunicação tem valor de notícia definido para a mídia e benefícios para os leitores ou espectadores.
- ❏ Transmita sua mensagem de modo claro e profissional. Torne fácil trabalhar com você.
- ❏ Procure ajuda de uma agência se você necessitar dela, e avalie os serviços de várias, antes de comprometer-se com uma ou outra.
- ❏ Acompanhe e avalie o sucesso de seu programa.

Leia também:

Gerenciamento da Qualidade Total
John S. Oakland

Gerenciamento da qualidade total (TQM) foi publicado em 1989, teve três reimpressões no mesmo ano e outras três em 1990, 1991 e 1992. Na primeira edição John Oakland explicava os conceitos básicos de TQM: como implantar uma política de qualidade; as necessidades organizacionais; os custos da qualidade; descrevia equipes e círculos para melhorar a qualidade; e examinava programas de treinamento e aperfeiçoamento contínuo. Na segunda edição – totalmente revista e ampliada, e de onde foi traduzida a edição brasileira – preocupou-se também em apontar outros aspectos relevantes como: mudança e criação da cultura adequada, liderança eficaz (incluindo dez pontos voltados à gerência sênior), trabalho em equipe, comunicação e *design*.

Aqui o leitor também vai encontrar um guia detalhado e confiável para integrar o TQM e o aperfeiçoamento contínuo em qualquer empresa, reflexões sobre a sobrevivência a longo prazo do TQM nas organizações e os caminhos para evitar os perigos da TQP - *Total Quality Paralysis* (Paralisia da Qualidade Total) ou TQD - *Total Quality Disilusionment* (Desilusão da Qualidade Total), incluindo a seleção da consultoria adequada.

Diretores e gerentes de todos os tipos de organização terão condições de introduzir e desenvolver o TQM em suas próprias empresas a partir da leitura deste livro. Estudantes de administração e de todos os cursos relacionados com gerenciamento da qualidade encontrarão aqui um guia eficiente para atingir a Qualidade Total.

Leia também:

Além do Ano 2000 O Futuro do Marketing Direto
Jerry I. Reitman (org.)

Este livro é o sonho de um profissional de marketing transformado em realidade, Jerry reuniu algumas das grandes cabeças da indústria do marketing direto e embalou-as para nós. Imagine-se sendo capaz de olhar para o futuro com as impressões de Bob Stone, Ron Bliwas, Herschell Gordon Lewis, Alan Rosenspan, Leon Graham, Murray Raphel, Jim Rosenfield, Tom Collinger e tantos outros! Uau! Uma oportunidade como essa aparece apenas uma vez em um milênio! Reitman criou uma "leitura obrigatória" para qualquer profissional de marketing que esteja com a cabeça voltada para o século XXI e de olho nos negócios.

John J. Flieder,
vice-presidente da
Allstate Insurance Company

Se o marketing direto é parte do nosso futuro, então, *Além do ano 2000* deveria ser parte do nosso presente. Eu tenho lido muitos livros sobre estratégia e técnicas de marketing direto, e até mesmo livros contendo milhares de regras sobre marketing direto. *Além do ano 2000* preenche um vazio, oferecendo a visão sobre o futuro do marketing direto da maneira como ele é percebido por uma lista distinta de co-autores.

John T. Kuending,
diretor de marketing direto da
Kraft General Foods, EUA

A **EDITORA NOBEL** procura sempre publicar obras que atendam às necessidades e interesses dos leitores. Com o objetivo de satisfazer de forma cada vez melhor sua expectativa, elaboramos este questionário. Solicitamos que você o responda e o envie para a Editora Nobel. Agradecemos desde já por sua colaboração.

P.S.: - Se você não quiser recortar o livro, transcreva o questionário em uma folha avulsa.

1. Título que adquiriu: _____
   Autor: _____
   Finalidade da compra: _____

2. Você já conhecia os livros publicados pela Nobel?   Sim ☐   Não ☐

3. Você já havia adquirido algum livro editado pela Nobel? Sim☐   Não ☐

4. Qual a sua opinião sobre os livros editados pela Nobel quanto à:
   Qualidade editorial   ☐ Ótima   ☐ Boa   ☐ Regular   ☐ Má
   Qualidade gráfica   ☐ Ótima   ☐ Boa   ☐ Regular   ☐ Má
   Apresentação gráfica   ☐ Ótima   ☐ Boa   ☐ Regular   ☐ Má

5. Quais são suas áreas de maior interesse? (Favor numerar, pela ordem de interesse, lembrando que o nº 1 corresponde àquela que mais lhe interessa).
   ☐ Administração   ☐ Economia   ☐ Marketing
   ☐ Agricultura   ☐ Engenharia   ☐ Negócios
   ☐ Animais Domésticos   ☐ Fruticultura   ☐ Pássaros
   ☐ Artes e Arquitetura ☐ Horticultura   ☐ Peixes Ornamentais
   ☐ Direito   ☐ Jardinagem   ☐ Psicologia
   ☐ Ecologia   ☐ Literatura   ☐ Vendas
                                             ☐ Veterinária e Zoologia

6. Na compra de um livro, o que você mais leva em consideração? (Favor numerar pela ordem de importância.)
   ☐ Preço   ☐ Se há ilustrações   ☐ Editora
   ☐ Capa em cores   ☐ Comentários da imprensa   ☐ Tamanho da letra
   ☐ Formato do livro ☐ Nacionalidade do autor   ☐ Exposição em livraria
   ☐ Número de páginas ☐ Assunto abordado   ☐ _____

7. De que maneira você se informa sobre os novos lançamentos da Nobel?
   ☐ Jornal/Revista   ☐ Folheto/Mala direta
   ☐ Na própria livraria   ☐ Catálogo
   ☐ TV/Rádio

8. Dados pessoais para cadastramento:
   Nome _____
   Sexo   Masculino ☐   Feminino ☐
   Endereço _____
   Cidade: _____ UF _____ CEP_____
   Fone: ( ) _____ R. ____ Fax: ( ) _____
   Data de nascimento _____ Profissão _____

Você já está cadastrado e receberá catálogos e folhetos da **EDITORA NOBEL** com as novidades em sua(s) área(s) de interesse. Caso não queira entrar no cadastro para receber o material promocional, escreva-nos comunicando seu pedido de exclusão:

EDITORA NOBEL - *Central de Atendimento ao Consumidor.*

Rua da Balsa, 559 - CEP-02910-000
São Paulo-SP